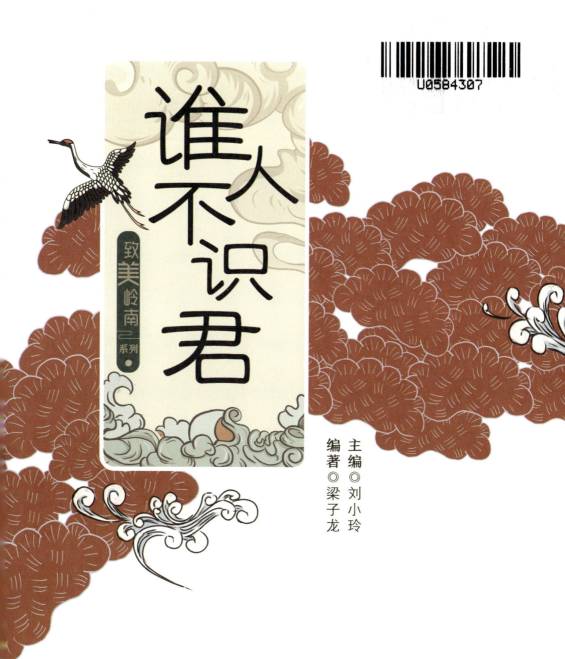

谁人不识君

致美岭南系列

主编 ◎ 刘小玲

编著 ◎ 梁子龙

SPM
南方传媒

新世纪出版社

· 广州 ·

图书在版编目（CIP）数据

谁人不识君 / 刘小玲主编；梁子龙编著. —广州：新世纪出版社，
2024.11
（致美岭南系列）
ISBN 978-7-5583-4336-0

Ⅰ.①谁…　Ⅱ.①刘…　②梁…　Ⅲ.①岭南—名人—生平事迹
Ⅳ.①K820.86

中国国家版本馆CIP数据核字（2024）第079068号

出 版 人：陈志强
选题策划：钟蕴华
责任编辑：钟蕴华　黄晓彤
责任校对：毛　娟
责任技编：陈静娴
封面设计：高豪勇
封面插图：广州亦可文化传播有限公司
内文插图：杨诗逸　冯穗钧　冯　凰

SHUIREN BU SHI JUN

谁人不识君

刘小玲 / 主编　梁子龙 / 编著

出版发行：新世纪出版社
　　　　　（广州市越秀区大沙头四马路12号2号楼）
经　　销：全国新华书店
印　　刷：东莞市信誉印刷有限公司
　　　　　（东莞市南城区亨美水濂澎洞工业区C区）
规　　格：787 mm × 1092 mm
开　　本：16开
印　　张：11
字　　数：124千
版　　次：2024年11月第1版
印　　次：2024年11月第1次印刷
定　　价：40.00元

质量监督电话：020-83797655　购书咨询电话：020-83781537

序言

越千载时空　识岭南贤友

腊月的睢阳，黄云蔽日，流风回雪。

毫不起眼的临街酒肆一角，坐着两位誉满京华的人物。一位是大文豪高适，他的诗篇街知巷闻。对面是一位鬓角斑白的长者，简朴的衣饰掩盖不住他的雍容气度，他就是以古琴曲《胡笳十八拍》成名的大琴师董庭兰。

酒酣耳热之际，董庭兰忽露愁容。高适见状，递上了一杯酒："董大，在想什么呢？"

董庭兰叹息道："我俩知己重逢，可惜只此一聚，又将各奔东西。此番别离，将来难复再见，思之不免神伤。"

高适略一思索，唤店小二取来笔墨和小笺，挥笔写下"莫愁前路无知己，天下谁人不识君"。

当年无人不识董庭兰，是因为他绝妙的琴技。而我们后人知道董庭兰，却是因为高适，因为这一首不朽名作，还有它背后的动人故事。

千百年来，我们脚下这片名为"岭南"的沃野上，也孕育了许多和高适、董庭兰一样值得后人认识且铭记的人物。讲好他们的故事，是我们岭南学人的责任。为此，我满怀温情与敬意写下这本《谁人不识君》，将二十位岭南先贤的故事分享给各位小读者。愿你们以此书为纽带，跨越时空，和书中人交朋友，向他们道一声问候："朋友啊，莫愁身后无知己，千载谁人不识君？"

俗话说，时势造英雄，而英雄亦能造时势。一方面，岭南的地理位置和自然风物，固然对岭南人的思想、性情和言行有着不可忽视的影响。而另一方面，也正是一代代岭南人民，持续不断地塑造着岭南文化的各个方面，深刻改变了岭南的历史进程，促使岭南在华夏文明中形成其独特地位。

书中人物，有土生土长的岭南人，像陈献章、屈大均、黄飞鸿；也有客居岭南的外乡人，像赵佗、韩愈、苏东坡。有人自岭南展翅高飞，山遥海阔，从此一去不返，像容闳、郑观应；也有人出走半生，最终落叶归根、重回故地，像杨孚、惠能、张九龄、崔与之。有励志的成功者，像张弼士、詹天佑；也不乏悲情的人物，像袁崇焕、邓世昌；还有的站在历史转捩点上，谈笑间扭转中华民族的命运，像孙中山、梁启超。更有冼夫人、瓦氏夫人等女性，向这片波澜壮阔的时代浪潮中，汇入一股温柔而坚韧的汩汩溪流。

本书的故事主要参考各种史籍、史学论著或人物传记，兼采一些有趣的野史逸闻。但我必须坦承，书中有些人物的神情、举止、对白和心理活动描写，并不见诸任何史料。这些细节，往往是我设身处地作出的合理想象，毕竟古籍惜墨如金、细节寥寥，而他们当时的实际对话和举止，很可能比古籍的记载更丰富、更口语化。从这个意义上讲，与其说我"编造"了这些细节，毋宁说我试图还原一些历史的可能性，令故事更加"盞鬼"（粤语，即生动）。望小读者们能体会我的用心：若本书能激发你们的兴趣，去细读这些岭南人物的传记，去翻阅二十四史、地方物志、诗古文辞、笔记小说中谈及岭南的点点滴滴，去了解当代学者对岭南文化的种种研究成果，深潜于岭南先贤们开拓的这片无尽宝地，我将倍加欢喜。我更期待，你们会向家人、同学、朋友们大方讲述这些岭南先贤的故事，兴之所至，不妨也加两句合理想象，那你们的故事一定更加引人入胜！

此书顺利出版，主编刘小玲老师厥功至伟，我在少年时期幸蒙她用心栽培，如今又得到她的充分信任，在成书过程中受到许多来自她的有益的指导，对儿童教育热忱的她一直是我的榜样。新世纪出版社一众同仁的努力同样不可或缺，他们对于童书的品质，有着无可比拟的执着，与他们的合作十分愉悦。我亦要向我的太太桂英道谢，她以其作为儿童绘本讲师的经验，向我提供了不少与孩子沟通的思路。每当我在文法或文史观上遇有疑窦时，我的良友、中山大学中文系硕士谢渝女士总是不厌其烦地为我解答。最后衷心感激我的父母，如无他们在生活和精神上的扶持鼓励，我的文字绝不可能拥有打动孩子、温暖孩子的力量。

走笔至此，瞥见书架里放着两本从幼年留到今日的故事书。有些童书，历沧桑而不朽。我虽不奢求不朽，唯望此书能在小读者的书房里、心房里多住些岁月。他年，褪去稚气的你们也许在家中翻出此书，尽管书中知识早已烂熟于胸，儿时读书的甜与苦却涌上心头，那一定值得回味。

梁子龙

2024年2月于广州

目录

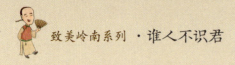

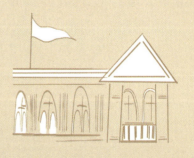

赵佗

开天辟地南越王

　　赵佗，出生年月不详，卒于公元前137年，河北真定（今河北正定）人，是秦末汉初开拓岭南的先驱。

　　广州著名的西汉南越王墓博物馆向人们揭开了岭南古国的神秘面纱。不过，墓主南越文帝赵眜只是南越国第二代君主，他的爷爷——号称"岭南人文始祖"的赵佗，才是真正为岭南开天辟地的传奇人物。他30多岁便立国称王，总共活了100多岁，一生经历七位中原君主。从各种意义上看，赵佗都是标准的人生赢家。

到嘴"肥肉"咬不动

　　"秦王扫六合，虎视何雄哉！"公元前221年，秦国吞并六国，完成了统一大业。

　　且慢！和许多人的印象不一样，事实上，秦朝建立后疆域总面积也只有今天中国版图的三分之一，如今国内的许多省市，当时还不属于秦朝的势力范围，其中就包括位于五岭以南的广东、广西、海南等南方省份，统称"岭南"。

　　不可一世的秦始皇，岂能容忍眼皮底下有尚未臣服的地方？更重要的是，岭南地区拥有许多好东西，当地出产的犀角、象牙、翡翠等奢侈品，在中原地区大受欢迎。秦始皇明白，只有将岭南打下来，这些奇珍异宝才能成为囊中之物。于是，秦始皇任命屠睢为主帅、赵佗为副将，率50万大军征讨岭南。

　　然而大出秦始皇所料，秦军打了三年，竟被英勇的岭南人民打败了，主将屠睢战死，副将赵佗带着残兵退走。这块已经放在秦始皇嘴边的肥肉，居然成为一块难啃的硬骨头！

秦始皇听到消息后大吃一惊，马上派心腹大将任嚣前去收拾残兵，接替屠睢担任主将，准备再攻岭南。而副将一职，依然由赵佗留任。

这位赵佗，实在有点不寻常。他小时候是赵国王族，后来赵国被秦国灭掉，赵佗才加入了秦军。而这次南征，年纪轻轻的赵佗竟能在将星如云的秦朝脱颖而出，成为副将，甚至在初战不利的情况下也没有被撤换。如此推测，他很可能是秦始皇重点栽培的对象。

那么，深得秦始皇器重的赵佗，又能否助秦始皇完成统一岭南的大业呢？

得水道者得岭南

任嚣和赵佗接到南征重任后，一边整顿军备，一边着手开凿一条运河，名叫"灵渠"。原来，上回秦军在这里吃了大亏，主要原因是交通不便。岭南山路崎岖，秦军的补给十分困难，熟悉地形的岭南人还经常破坏秦军的补给线，导致武器和军粮无法输送到前线秦兵手中，使得秦军雪上加霜。

陆路交通靠不住，任嚣和赵佗考察当地水域环境后，找到解决方案——在长江和珠江之间修建人工运河，连通这两大水系。这

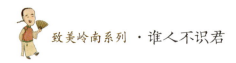
样一来，朝廷的物资就可以通过水路畅通无阻地运输到秦军手上。于是，他们征调了大量民夫，夜以继日修筑灵渠。

功夫不负有心人，灵渠修了五年，总算大功告成。从此，秦军利用灵渠，将战备物资源源不绝运到岭南，秦军逐渐征服了岭南各部族，岭南的大半地区正式纳入中央管辖。

任嚣南征胜利后，又上书秦始皇，请求让数十万大军留在岭南，必要时镇压叛乱。秦始皇批准了，还在岭南设置了南海郡、桂林郡、象郡这三个郡，并让任嚣担任南海郡尉，总领三郡。而南海郡之下的龙川县，则由赵佗担任县令。他致力于龙川县的经济民生和文化发展，引导当地百姓种粮食、用铁器、盖房子、讲汉语，做了许多开拓性工作，使龙川县一跃成为南海郡最先进的地区。

南越称王"三部曲"

好景不长，在秦始皇施行的严刑峻法下，民心动摇。秦始皇死后，江山交到他儿子秦二世的手里，更是民不聊生，群雄个个举兵造反，都想推翻暴秦。

眼看烽烟四起，秦二世突然想起岭南还有几十万大军！"快，替朕下旨给南海郡尉任嚣，让他快快带大军到咸阳救驾！"没想到，圣旨石沉大海。

秦二世哪里知道，岭南早已变天。

此刻，南海郡尉任嚣，由于积劳成疾，在病床前奄奄一息。守在他身边的，是他多年的战友兼下属、龙川县令赵佗。

"赵兄弟，当今朝廷无道，四方豪杰揭竿而起，天下还不知鹿死谁手。我们南海郡地处偏远，有山川做屏障，还有这么多从中原迁来的人民支持，实力足以割据一方。可惜我命不久矣，咳咳……"任嚣顿了一顿，强撑精神，接着说道，"郡中的大小官员里，我只信得过你一人，如今我将南海郡托付于你。我死后，你可立国称王，别再让岭南的军民为这个残酷的政权枉送性命了。"

赵佗紧紧握着任嚣的双手："郡尉大人……任兄！难得您对下官如此器重。请您放心，赵某必定竭尽所能实现您的遗愿！"

之后，任嚣用尽生命中最后一点气力，吩咐手下伪造秦二世诏书，委任赵佗代理南海郡尉一职。为赵佗铺好路以后，任嚣就离开了人世。

事实证明，任嚣的决定是对的，暴秦早已穷途末路，而赵佗果然也没有辜负任嚣的信任，凭借"三部曲"就顺利完成了割据岭南的宏图大计：第一步是解决外患，赵佗命令南海郡北部关隘的守将据险防守，以免北方的战火烧到岭南；第二步是消除内忧，赵佗将秦朝中央派到南海郡的官员都借机诛杀，换上自己的亲信，以便牢牢把控住当地的财权和军权。任嚣去世后，秦朝被推翻，刘邦建立了汉朝。赵佗马上进行第三步：起兵兼并了邻近的桂林郡和象郡。公元前204年，赵佗正式建立了占地千里的南越国，自称"南越武王"，都城设在番禺（今广州市番禺区）。南越国的历史自此拉开序幕。

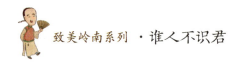

"命中克星"是陆贾

然而，这样兜兜转转一圈之后，当初被秦始皇打下来的岭南，又从中央王朝分裂出去了！怎样把分裂的岭南再收回来呢？汉高祖刘邦头都大了。这时，朝中有人站了出来："秦始皇能把岭南打下来，我也能帮您把岭南'说'回来！"

这位充满自信的臣子，叫陆贾。

有人替自己分忧，汉高祖高兴坏了。他派陆贾出使南越，劝赵佗归顺汉朝。

陆贾和他的外交使团一行乘船到达南越，在南越国码头登岸，但南越王却不肯接见他们。陆贾的使团只好将船停靠在码头，短时间内就近筑起一座泥城暂住，等候赵佗接见。

不知是被陆贾的诚意打动，还是被汉军迅速筑起十里泥城所展现出的兵强马壮所震慑，总之，赵佗终于接见了陆贾。陆贾开门见山地说道："南越王啊，你想凭借岭南这片弹丸之地和天子对抗，实在不智。当今皇帝只用五年时间就取得了天下，今日要灭你易如反掌。之所以不这样做，只是不想让臣民再受战乱，这才派我来与你谈判，希望南越国成为汉朝的藩属国，双方友好往来。但假如你不答应，皇帝必定会派大军攻打南越，到时你后悔就晚啦！"

赵佗没想到陆贾一介书生，竟如此能言善辩，顿时对他刮目相看。同时，赵佗内心也打起了小算盘：虽然汉朝要攻下南越国也未必像陆贾说的那样轻松，但得罪了汉朝，我这王位也坐得不稳当呀！不如给他个面子，做他们的藩属国，我这个南越王就能当得安枕无忧。于是，赵佗请陆贾转告天子，他愿意归顺汉朝。此后，中原与南越往来不绝，赵佗给汉朝献上鲛鱼、山禽、荔枝等南越国特产，汉朝回赠南越国珍贵的蒲桃锦。

汉高祖驾崩后，国家大权很快就落入了他的妻子吕太后手中。吕太后竟然打破友好关系，不仅主动挑起与南越国的战争，甚至派人去挖了赵佗在北方的祖坟！赵佗一气之下，重新恢复自己的封号，与汉朝敌对。

爱折腾的吕太后死后，不爱折腾的汉文帝掌权，开始安抚南越国。他派人重修赵佗的祖坟，给赵佗的亲人加官晋爵，又安排陆贾再次出使南越国，劝说赵佗重新归顺。

"陆贾，怎么又是你？"

"南越王，看来咱俩情谊未尽啊！"

"你真是我命里的克星啊！"赵佗再次被这位"老朋友"的三寸不烂之舌说服了，与此同时，他也听说了汉文帝采取的一系列真诚示好的举动，向来吃软不吃硬的他，爽快地同意取消封号，再次归顺汉朝。在赵佗的后半生里，汉朝和南越国再也没有起过冲突了。

带领蛮荒入文明

从与中原政权的来往中可以看出，赵佗在军事和外交上都很有

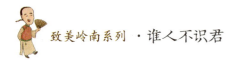

手腕，不但使南越国摆脱秦朝自立自强，还能够与汉朝长期周旋。而对内，赵佗治国安民的本事也绝不逊色于历代贤君圣主。

一方面，他吸收治理龙川县时期的成功经验，将中原的政治制度、生产技术、语言文化引入南越国，让越人吃得更饱、穿得更暖、活得更有品质、思想更有深度。

而另一方面，面对岭南地区越人多、汉人少的客观现实，赵佗又实行了著名的"和辑百越"政策，想方设法让汉越两族和睦共处。赵佗重用有才干的越人当官，连丞相一职也交由越人首领吕嘉来担任；又鼓励汉人融入当地习俗，他本人带头改穿越人服饰，自称"蛮夷大长"；他还提倡汉越两族通婚，南越王室从自身做起，娶越女为妻。这一系列的措施，使汉越关系日趋和谐。

在他的治理下，蛮荒蒙昧的岭南地区开始闪烁文明之光，两广的这片土壤上，终于培植出连接华夏大地的根脉。毫不夸张地说，赵佗是引导岭南从原始社会迈向文明时代的伟大先驱，对岭南文化的形成作出了卓越贡献。

就在汉王朝的第四位君主汉武帝登基的第四年，这位叱咤风云的南天王赵佗终于与世长辞，享年100余岁。算起来，他是中国历史上最长寿的帝王，先后"熬死了"中原王朝的秦始皇、秦二世、汉高祖、汉惠帝、吕太后、汉文帝、汉景帝。考古学家至今没有找到赵佗的陵墓，许多人猜测他是葬在广州市越秀山的越王台下，这是赵佗生前用来接待北方使节、大宴群臣、举行祭祀的地方。但越秀山到现在也不见有赵佗墓的痕迹。

知识点一

陆贾第一次出使岭南，不仅帮汉高祖和平统一了岭南千里之地，还为南国留下了一个诗意的名称——"荔湾"。原来，陆贾在西场（一说西村）筑城的同时，命人在河边种植了荔枝、花等各式植物，当地民众闻到荔枝香，也争相学种荔枝树。渐渐地，"一湾溪水绿，两岸荔枝红"变成了当地的一道亮丽风景线，"荔枝湾"也因此得名，这便是广州旧荔枝湾。

而新荔枝湾，是指从今日龙津路到多宝路这一带，在陆贾那个年代这里还是一片沼泽地。到了唐代，这里的居民便利用优越的自然条件，筑基开塘，栽种荔枝、龙眼等果树。清代以后，这片广植荔枝的地区日渐繁荣，开始被称为荔枝湾，而旧荔枝湾则渐渐不为人所知。

知识点二

秦汉时期的越秀山，野兽出没，人迹罕至。赵佗建立南越国后，在山上建了一座高台，这是越秀山上的第一座人工建筑，后人称为"越王台"或"粤王台"，因此，越秀山在后世编纂的地方志中也被称为越王山、越台山。

南越国亡后，越王台也随之荒芜。往后的千百年里，越王台旧址屡毁屡建，直到明清时期被完全废弃。历代骚人墨客都曾踏访越秀山，借景抒情，写下一篇篇千古流传的关于越王台的佳作。比如宋代诗人杨万里便写过"榕树梢头访古台，下看碧海一琼杯。越王歌舞春风处，今日春风独自来"，以及"越王台上落花春，一掬山光两袖尘。随分杯盘随处醉，自怜不及踏青人"。

杨孚

敢言敢谏倡孝廉

杨孚，字孝元，东汉南海郡番禺县人，在朝廷身任要职，告老还乡后著有中国第一部区域性物产专著《异物志》。

在广州市新港路下渡村的一条巷子里，有一口古老的红砂岩古井。挖这口井的人叫杨孚，他是最早有明确记载的广东籍京官之一，也是历史记载第一位著书立说的广东学者，"粤诗之祖""岭南最古学人"的称誉，杨孚当之无愧。

犯颜直谏

东汉时期，朝廷选拔官员主要靠各地的官员和名流士绅举荐当地人才，被举荐的人要前往皇都洛阳，考试合格后，由朝廷安排官职。

公元77年，汉章帝诏令各地举荐人才。没多久，南海郡番禺县下渡头村（今广州市海珠区下渡村）的一位儒生被举荐到洛阳，通过了朝廷举办的"贤良对策"考试，担任了议郎一职，就此踏上东汉王朝的政治舞台。他就是杨孚。

杨孚作为议郎，以直言敢谏著称。他学问出众，对于治国理政的方方面面都有独到的见解，屡屡向皇帝建言献策。

就在杨孚从政的第十一个年头，汉章帝驾崩，9岁（一说10岁）的汉和帝登基。由于汉和帝太年幼，他的养母窦太后借机把持了朝政，还把窦家几兄弟都提拔到了重要岗位上，一起掌握军政大权。

汉和帝成了提线木偶，任人摆布。

当时，北方游牧民族政权匈奴经过和西汉王朝的长期战争，国力大不如前，还分裂成了北匈奴和南匈奴。北匈奴和汉朝关系不好，而南匈奴和汉朝亲近。就在汉和帝登基的这一年，北匈奴发生内乱，南匈奴趁机请求汉朝派兵讨伐北匈奴。窦太后心里想出兵，就咨询大臣们的意见。满朝文武慑于窦太后和窦氏兄弟位高权重，纷纷恭维朝廷圣明，支持出兵。

唯独杨孚上奏反对出兵。他提醒朝廷，先帝临终前千叮万嘱，我们国力强盛，不惧怕匈奴的威胁。匈奴如果兴兵来犯，我们就反击。但只要匈奴安分守己，我们也绝不挑起战端，不无理侵占匈奴人民的生存区域。这才是大国的气度。

很显然，杨孚是站在人道主义的立场。他知道一旦打仗，必将生灵涂炭，即使打赢了，无非为当朝君主换来了更大的帝国疆土和千秋的虚名。真正受苦的，却是战争双方的百姓和底层官兵，这就叫"一将功成万骨枯"。

然而独断专横的窦太后并没有采纳杨孚的意见，她指派兄长窦宪领兵征讨匈奴。战争虽然取得了胜利，但汉军伤亡也不少，而匈奴人民则从此失去了放马牧羊的地方。更严重的是，征讨匈奴的主帅窦宪居功自傲，他和几个兄弟在朝中骄横跋扈、为非作歹，逼死了很多不肯屈服的官员，还在民间欺侮百姓、巧取豪夺，弄得人人自危。

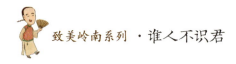

提倡孝廉

窦氏兄弟的无法无天，让汉和帝忍无可忍。最终，汉和帝设计将窦氏势力铲除，收回了权力。杨孚迎来了政治生涯的重大转机。

这一年，天下大旱，农田失收，百姓生活困苦，许多人流离失所，这让汉和帝感到很不安。于是，汉和帝请朝臣指出自己政令失当之处并提出改进的意见和建议。一帮大臣面面相觑，都不敢批评皇帝的不是。杨孚也站立在大殿一侧的朝臣队伍里。他想，这位新掌权的天子，既然为民间的灾情而忧心，还专门组织大臣议政，可见是一位仁君，能听得进别人的意见。"我一定要把握好这次机会！"他暗下决心，走出了官员队伍，昂首挺胸迈向大殿正中。

"陛下！"只听杨孚缓缓说道，"我们汉朝立国的原则，是'以孝治天下'。而孝道最重要的体现，正是古礼所规定的'服丧三年'，也就是说，子女在父母去世后，三年内都要身穿孝服表示哀悼，而且官员在服丧期间必须离职，期满才官复原职。当年汉文帝曾经下旨将服丧期改为三天。臣认为，服丧三天时间太短了，不足以体现对父母的孝道。因此，臣斗胆恳请陛下下旨，恢复三年的服丧之期。同时朝廷应该奖励孝顺的子女，救济孤寡老人。"杨孚说完，抬头一看，只见汉和帝脸上露出了欢颜。于是，杨孚乘势提出了另一项主张——整肃官场，打击腐败。杨孚指出，许多地方官员贪污腐化，搜刮民脂民膏，贿赂上级。因此，朝廷必须整顿吏治，禁止官员假公济私、中饱私囊，违者一律判以重罪，这样才能顺天意、安民心。

杨孚提出的两条建议，一条讲孝，一条讲廉，令汉和帝大为赞赏。汉和帝也认为，孝和廉是维持社会秩序的两种至关重要的美德，于是，他将杨孚的建议一一颁行。自此，孝、廉这两种文化，对中国的皇权社会产生了深远的影响。

著书明志

除辅佐君王，杨孚又一大作为，是他撰写了中国历史上第一部区域性物产专著——《异物志》。而他撰写此书的初衷，其实同样是为了反腐倡廉。

那时，朝廷的官员每逢去岭南出差，都喜欢在当地搜刮各种奇珍异宝，然后回京贿赂上级高官，希望给自己的仕途带来好处。杨孚非常厌恶官场里的这种不正之风。但他明白，这种风气不可能靠政令来强行禁绝，人们只有先从根本上转变观念，才有可能改变行为作风。于是，他凭借对家乡岭南的熟悉，加上到处搜集资料，潜心写成了《异物志》一书。这本书系统介绍了岭南的风土人情，又仔细描述了岭南各种动植物的种类和用途，使当时中原的官员和百姓开阔了眼界，意识到那些所谓的岭南珍宝，也不过是普通物产，并不稀奇。渐渐地，官员之间用岭南物产行贿的歪风邪气有所收敛。

《异物志》作为第一本系统介绍岭南风物的书籍，除了有很高的生物学、史学上的价值以外，还具有很高的文学价值。杨孚在书里每介绍完一种物产，都会附上一首赞诗作总结。这些赞诗生动有趣，辞藻优雅，富于文采，比如其中一首关于大象的：

象之为兽，形体特诡。身倍数牛，目不逾狶。

鼻为口役，望头若尾。驯良承教，听言则跪。

素牙玉洁，载籍所美。服重致远，行如丘徙。

这首诗，先写大象的体形庞大，是牛的好几倍；再写象鼻之长，使得它的头部远看就像尾巴一样；又写大象性情温顺，能被人类驯服驾驭；接着写象牙洁白素雅，可以用来制作精美的工艺品；最后写大象负重远行时，就像一座移动的小山丘。读完这首赞诗，哪怕是从没见过大象的人，脑海中也能清晰浮现出大象的模样来呢！

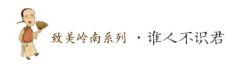

河南飞雪

杨孚晚年告老辞官，从京城回到家乡广东定居。临行前，他专门到一位下属的家中辞行。

这位下属叫张宝（又作张保），是杨孚衙门里的人。张宝长期花钱为母亲治病，后来母亲病重离世，张宝的钱却花光了，没钱为母亲料理后事。杨孚听说后，给张宝送去了10两银子。张宝知道杨孚是个清官，家里也不富裕，却肯拿出10两银子帮自己解决燃眉之急，这恩情太大了，张宝说什么也不肯收。杨孚对张宝说："你就当这是跟我借的，以后有钱慢慢还就行。"张宝这才肯收下。

这次，张宝提前几天就听说了杨孚要告老还乡的事，他很希望把银子还给杨孚，无奈时间太短，根本来不及筹钱。为此，张宝内心愧疚，连给杨孚送行的勇气都没有。没想到这位恩人却主动上门道别来了。

"杨大人！快请进寒舍坐坐！"

"张宝啊，老夫这回辞官归故里，从此我们就要天各一方了，今天特地来和你道别，感谢你多年来劳心劳力地为老夫工作。老夫还要赶路，就不逗留啦。"

张宝一听，更觉得过意不去："杨大人您太客气了！您待我恩重如山，而我却到现在还没还清您的银子，我实在无颜见您啊！"

杨孚安慰张宝道："你在老夫门下当差，却连葬母也拿不出钱，老夫难辞其咎。银子只是一点心意，不必放在心上。张宝兄弟，就此告辞，今后各自珍重！"说完，杨孚拱手为礼，洒脱地转身离去。

张宝无言，只好作揖回礼，看着杨孚离去的背影叹气。忽然，张宝想起什么来，他一边追上去，一边高声叫道："杨大人请留步！"随后，他将杨孚带回到自家后院，只见地上长着两棵青翠可人的松树。张宝指着两棵松树对杨孚说："杨大人，您的恩情，张宝此生无以为报，这两棵松树虽然不值钱，却是我亲手栽种，大人

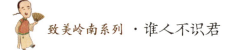

若不嫌弃，就带回广东留作纪念吧。"杨孚欣然同意了。张宝将两棵松树小心翼翼地挖出来，杨孚将它们带回广东，种在了家门前。刚劲挺拔的松树正好符合杨孚的品性。

说来也奇，岭南原本是温暖无雪的，但自从杨孚把北方的松树移植过来以后，每到冬季时分，这附近都会飘起雪花。白雪缀满松树的枝头，令人赏心悦目。由于松树是从河南洛阳移植过来的，人们认为杨孚将北方的天气随着松树带来了，因此，越来越多的人将杨孚家这片区域叫作"河南"。直到今天，广州人还把珠江南岸称作"河南"。

由于年代久远，杨孚的家连同这两棵松树，早已被历史的尘烟掩埋。唯一保存至今的一口古井，据说是由杨孚开掘的，至今还涌流着甘甜的井水。以杨孚为代表的那一代岭南先贤的精神和思想，在千百年后，也依然如这井水一般，哺育着岭南人民。

知多点

知识点一

议郎是秦汉时设立的职位，主要的职责是"顾问应对"，不仅可以检举揭发官员的不法行径，还能对皇帝的言行进行规谏、辅佐皇帝治国理政，有着举足轻重的作用。

知识点二

杨孚提议服丧三年，是出于对"孝道"的重视，希望利用这项制度，促使国民感念亲恩、孝顺父母，让"孝道"深入人心，从而自觉维护良好的家庭关系，社会秩序也将因此更加稳定。这一出发点是好的。

但这项制度在实施过程中却产生了许多弊端，比如有些人对健在的父母刻薄寡恩，却等父母死后服丧扮演孝子，用此沽名钓誉。父母离世三年内，子女不能婚嫁饮宴，无法过正常生活，官员则还要停职三年，耽误政务。历史上就曾有国家重臣因为要服丧，连正在进行的改革也被迫暂停的情况，给国家和人民带来不可估量的损失。汉文帝正是看到了这种形式主义的弊端，才将服丧三年改为服丧三日。杨孚提议恢复服丧三年的旧制，这无疑是一种退步。历史事实证明，后来"孝道"在中国社会不断扭曲，出现了不少反人性的所谓"孝行"。所以，我们在推崇杨孚这位贤官的同时，也应该认清他的历史局限性。

冼夫人

此生唯愿九州全

冼夫人，原名冼英，又名冼百合，广东高凉人，一生怀着忠肝义胆，反对分裂，一心为国。

　　在中国古代，女子往往难以在历史上留下印记，却有一位女子，让《隋书》《北史》《资治通鉴》等正史均为她立传。她生前被岭南人民尊为"岭南圣母"，死后还多次被君主赐予尊贵的封号。今天从国内一直到东南亚，还有上千座专门用来纪念她的庙宇。周恩来总理更夸她是"中国第一巾帼英雄"！她，就是活跃于南北朝至隋朝时期的岭南部族大首领——冼夫人。

女族长贤治高凉郡

　　读了本书第一篇赵佗的故事，我们知道，岭南地区在秦朝之前不属于中央王朝，直到秦始皇建立秦朝，才第一次打下岭南，将岭南地区纳入中央统治。汉武帝时，汉军灭了南越国，岭南第二次归属中央。不过紧接着，中国进入魏晋南北朝时期，再次回到分裂状态，岭南又一次脱离中央政权。岭南各部族的人民不再听从中央王朝的指令，只服从于族长的指挥。其中，生活在高凉郡（今茂名市）的这一族，世世代代都奉冼家为族长。

　　和许多部族由男性担任族长不同，冼家的每一代族长，都由女性担任。于是，在冼夫人很小的时候，冼家的长辈就开始将她作为未来的族长悉心栽培，教她武艺和兵法，和其他部族作战也带上她。此时的冼夫人已经展现出惊人的学习天赋，学得又快又好，到

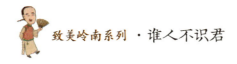

了十几岁已能够独立带兵打仗。其他部族每次来侵犯，都被冼夫人的兵马打败，所以高凉郡一直安定繁荣。

不过，冼夫人虽然擅长作战，但只会回击那些进犯高凉郡的部族，决不会主动挑起战端。而且每次各部族有冲突，她都会负责居中调停，因此高凉郡的百姓都很尊敬她。但冼夫人的哥哥恰好相反，他很好战，经常主动出兵攻打邻近的州郡，其他州郡的居民都叫苦连天。

这天，冼夫人拉住哥哥，一本正经地劝道："哥，你别再抢掠其他州郡了。最近我听说附近几个郡商量着要合力对付我们。再这么下去，我们这里安居乐业的环境，都被你破坏了！"

"妹妹啊，不是当哥哥的胡作非为。咱们高凉郡的耕地有限，耕牛和农具也不够，我要是不从邻郡多抢点粮食和耕牛，再多占点土地，怎么保证我们的人民能吃饱啊？"

"哥，我们作为高凉郡的首领，不能单靠蛮力。你仔细想想，要解决人民的吃穿用度，还有很多的方法，只要让族里的权贵不再强占居民的耕地，保证耕地充足，再改进耕作技术，何愁没有足够的粮食？"

"话虽如此，但我们还要多从邻郡俘虏点人口补充兵员，才能保证我们有足够的军力啊。否则，万一朝廷的官兵来攻伐我们，或者族里有人想挑战我们冼家的地位，我们哪里抵挡得住？"

"哥，你又错啦。我们即使到处掠夺、继续增兵，也不一定打得过朝廷，反而将周围的州郡都得罪了。相反，只要我们和其他州郡搞好关系，到时咱们岭南人团结起来，还怕抵抗不了朝廷？至于你担心族人造反，只要我们对族人好，有谁会不拥戴我们冼家？"

"呀，我怎么没想到这一点。"哥哥一拍自己的脑袋，恍然大悟，"还是妹妹考虑得周到。从今往后，我不再和周围的州郡为敌了！"

自此，高凉郡和其他州郡关系越来越好，周边的部族看到高凉郡越来越强大，也都纷纷归顺。

族长太守双剑合璧

尽管冼夫人是高凉郡的族长，但这个族长只是族人认可，并不是朝廷任命的。实际上，当时由朝廷任命的高凉郡长官，也就是高凉太守，叫冯宝。不过这个高凉太守当得可憋屈了，平常只能办理一些琐碎的政务，真正遇到大事，高凉郡的族人都不听他的，只听冼夫人的。

冯宝的父亲很有眼光，他看中了冼夫人在族人中的号召力，于是大力撮合冯宝和冼夫人。最终，冼夫人嫁给了冯宝。

原本冯宝有名无实，冼夫人有实无名，这下他们夫妻俩既有名、又有实，掌握了高凉郡的最高权力。但他们没有因此而作威作福、奴役人民。相反，他们利用这个地位，真心实意地推动高凉郡的发展，为全郡的百姓谋福祉。

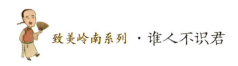

比如，高凉太守冯宝是朝廷命官，应该用朝廷法令来治理高凉郡。原本岭南的族人大都不遵守朝廷法令，只按族里的规矩和习惯来生活，冯宝也没辙。如今冼夫人嫁给了冯宝，她亲自向族人解释每条法令的含义，号召族人一起来遵守。族人一旦违反了法令，不管贫富贵贱，一律依法定罪。于是，高凉郡变得比以前更安定、更有秩序，部族之间的冲突很少出现了。

又如，冼夫人也和赵佗一样，将中原地区的先进技术和文化礼仪引入当地，教导族人怎样生活得更文明、更富足。当时岭南有很多部族把她尊称为"圣母"，可见冼夫人在岭南人民心中的崇高地位。

巧施妙计剿灭叛军

而冼夫人一生最为人称道的，还是她为维护国家统一所做的努力。

在冼夫人28岁这年，有一位叫侯景的大将发动叛乱，进攻梁朝都城建康，意图推翻当时的梁朝政权。

面对叛乱，全国各地的官员和将领，都各有盘算：有人积极派兵到首都增援，想帮朝廷打退叛军；也有人起兵支持侯景。

就在这时，冯宝的上级领导——高州刺史李迁仕突然派人召见冯宝。冯宝不知就里，正准备前往，却被冼夫人拦了下来。

"夫人，为何阻止我？"冯宝表示不解。

"李迁仕无故召见你，多半是准备配合侯景谋反，想把咱们高凉郡的兵马一起拉下水。你要是去了，肯定会被他扣押，想不跟着造反也不行。咱们可不能背上分裂国家的罪名！"

冯宝听夫人说得在理，就没有动身。

过了几天，冯宝风风火火地跑到冼夫人面前："夫人，多亏你当时拦着我。李迁仕见我迟迟不去，直接起兵造反了。你真是料事如神！"

"现在李迁仕怎么行动？"冼夫人追问。

"他派手下的杜平虏挥军入侵赣石。"冯宝答道。

"妙！夫君，咱俩立功的机会到了。"

"夫人这又是何意？"

"李迁仕派出了大军，高州城里必然空虚。我们趁此时突袭，说不定可以攻下高州城，抓住李迁仕，帮助朝廷平定叛乱。"

"夫人高明！那我马上领兵直取高州！"

"夫君且慢。你要是亲自带兵去，李迁仕必有所防备，少不了还有一场战斗。不如你修书一封，说你刚接到他的召见，但天下正乱，身为太守不敢贸然离开高凉郡，因此派妻子前去拜见。之后我便如此这般……大事可成！"

冯宝依计而行。

这日，高州城接报，冯宝夫人的队伍已到城下。李迁仕此前已收到冯宝的书信，便登上城楼观看。只见城楼下来了上千人，都是

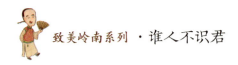

步行，没有骑马。领头的女子朝城头高喊："李大人，我乃高凉太守冯宝之妻，奉夫君之命，持厚礼前来参见。"

李迁仕原来还担心来者不善，现在一看，这上千人都是挑夫打扮，不是肩上挑着担子，就是双手捧着箱子，没有拿武器的，人人神情轻松。于是，李迁仕再无防备，欢欢喜喜地命令守城士兵打开城门迎接，一心期待着冯宝送来的宝物。

李迁仕哪里知道，这上千个"挑夫"都是冼夫人的亲兵伪装而成的。他们一进城，就迅速打开一个个箱子和担子，那里头装的可不是什么"厚礼"，而是各种各样的兵器，李迁仕看傻了眼。一时间，上千"冼家军"在城内四处飞奔，将高州城内的守军杀得呼天抢地，李迁仕弃城而逃，但到第二年就被冼夫人的军队抓住了。这一场平叛之战，冼夫人大获全胜。

这只是冼夫人第一次为国家统一而战。在她后来的岁月里，中央政权多次更换，从梁朝，变成陈朝，再到隋朝。每一次改朝换代之际，冼夫人都有机会把岭南分裂出去，做岭南之主，就像赵佗一样。但每一次，冼夫人都怀着对国家的一片忠诚，绝不允许岭南脱离中央王朝。因为冼夫人深信，岭南只有在中央王朝的统一治理和保卫下，才能获得更大的发展，这才是岭南人民最好的归宿。

谁谓『南蛮』不识禅

惠能，一作慧能，俗姓卢，祖籍范阳（今河北涿州），他门下得法者众多，对中国佛教文化和哲学思想的发展有重大影响。

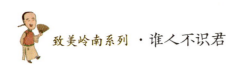

"六祖惠能"这个名字，想必连许多不信佛，甚至对佛学完全不了解的朋友也都听说过。他目不识丁，却成为中国佛教史上地位最为尊崇的高僧之一，对中国佛学禅宗作出了极大的贡献。

"南蛮"学佛

佛教起源于古印度。在南北朝时期，印度僧人达摩从古印度航海来到广州传播佛法，佛教日趋兴盛。达摩所传授的思想，属于佛教的其中一个宗派——禅宗，当时在中国鲜有听闻。因此，达摩被尊为中国禅宗的"初祖"，意思就是中国禅宗的第一代创始人。

后来，禅宗的继承人一代代往下传，第五代就是湖北东禅寺（今黄梅五祖寺）的住持弘忍法师，因此他又被称为"五祖弘忍"。

这天，弘忍法师如常在寺里和弟子们讲经，突然听到敲门声。弘忍开门一看，一位二十几岁的青年站在门外。弘忍看对方的穿着、相貌不像本地人，便问道："施主是哪里人？来这儿做什么呢？"

"大师，我姓卢，是岭南新州的百姓，从小喜欢听人讲佛经，对佛法很着迷。前些日子我听说弘忍大师您在东禅寺修行，所以远道而来求见您，希望跟着您学习佛法，修行成佛。求大师收我为弟子！"

弘忍一听，心中暗暗吃惊：这个小伙子，一开口就是要成佛，实在难以置信。看他容貌清朗，眉宇间有种超然之气，绝非等闲之辈。但弘忍不露声色，决定再试探一下。"老衲没听错吧？"他轻皱眉头，故意装出一副嫌弃的模样，"你这岭南来的蛮子，怎么能成佛呢？"

惠能受到此等嘲弄，却并不生气。他不紧不慢地说："大师，人虽然有南北之分，但佛性并没有南北之分，我们的模样和行为习惯，也许和大师您有所不同，但我们的佛性难道会有什么差异吗？"

这下，弘忍确信惠能独具慧根，便将惠能留在寺里，但并没有马上让惠能学习佛法，而是先安排他去劈柴烧水、踏碓舂米。原来，劳作正是弘忍大师主张的修行方式之一，东禅寺里每个人都要做庄稼活儿，惠能刚来，自然也不例外。

惠能也明白这个道理，终日埋头苦干。对惠能来说，最难的就是舂米。他生得矮小，体重轻，踩不动沉甸甸的石碓，于是不得不在腰间拴上一块石头加大自身的重量。就这样，惠能昼夜不停，勤勤恳恳地干着粗活累活。

秘传衣钵

时光飞逝，转眼惠能进东禅寺已经八个月了。这天，弘忍大师召集了门下所有弟子，宣布一个重大消息："我年纪老了，需要挑选一名接班人，以确保佛法不断。你们今天回去以后，各自写一首偈子，表达自己这些年来修行的心得。谁的偈子能够体现佛法真谛，我就立他为第六代传人。"

资历和修为最高的弟子神秀很快就想好了一首偈子，但他不好意思当面拿给弘忍看。这天三更时分，神秀捧着一盏油灯，悄声走到师父房门前的走廊里，在墙上写下了这首偈子：

身是菩提树，心如明镜台。时时勤拂拭，勿使惹尘埃。

在这首偈子里，神秀把自己的身子比作菩提树，把自己的心比作映照万物的镜子。他认为，只有坚持不懈地擦拭这面内心的镜子，不让邪念玷污它，才能修成正果。

第二天一早，弘忍法师经过走廊，一看墙上的偈子，便猜到是神秀所作。弘忍认为，神秀这首偈子的境界还不够高，但众人如果按照这首偈子修行，也还是非常有益的。因此，弘忍当着众弟子的面称赞这首偈子，并且要求大家每天焚香诵读。

而当时的惠能还不是弘忍的正式弟子，所以弘忍召集弟子作偈时，他依然在碓坊舂米。这天，惠能在碓坊干活时，听到外边有一位小和尚在吟诵神秀的偈子，感到这首偈子境界不够。他拉住小和尚，打听这是什么偈子，小和尚就把弘忍法师打算传位、神秀作偈的事一一告诉了惠能，并带他来到写有神秀偈子的墙前。惠能先是肃穆地礼拜了一番，接着对小和尚说道："师兄，我也想出了一首偈子，但我不识字，可否请您替我写到墙上去？"小和尚点头答应。只听惠能缓缓念道：

菩提本无树，明镜亦非台。本来无一物，何处惹尘埃？

惠能的偈子是说，对于真正的佛而言，既没有像菩提树一样的身子，也不存在像镜子一样的心，这些全都是虚空，又哪里会惹来邪念呢？

就在小和尚帮惠能写偈子的时候，旁边又有几位师兄弟围过来看热闹。等偈子一写完，围观的弟子们都沸腾了。就算是再愚钝的人，也能看出来惠能这首偈子是和神秀那首针锋相对的。于是，大家开始你一言我一语地讨论起到底哪一首更高明。弘忍在远处听见人声杂乱，便过来看看究竟。一抬头，就看到了墙上新的偈子。他立马擦掉了惠能的偈子，一边擦，一边轻描淡写地说道："这首偈子还是不成气候，大家都回去吧。"众弟子见师父已经亲自点评，也就不再争论，各自离开了。

惠能的这首偈子真的不成气候吗？恰恰相反，惠能的偈子，完全道出了禅宗的真谛。弘忍法师已经下定决心传位给惠能，之所以擦去偈子，是怕惠能遭人嫉妒，惹祸上身，毕竟惠能才刚来东禅寺八个月，要是自己当场就宣布传位给他，很难让其他弟子信服。

第二天，弘忍法师来到碓坊，看见惠能正在舂米，便用禅杖在石碓上敲了三下，二话不说就走了。聪敏过人的惠能立马猜到师父的用意。这晚三更时分，惠能悄悄来到弘忍的禅房。弘忍见惠能破解了他的暗号，欣慰地笑了："你果然没有辜负我的期望。"

随后，弘忍法师在禅房中轻声给惠能讲解了整本《金刚经》，又拿出了达摩留下的袈裟和钵盂，郑重地交给惠能，立他为禅宗第六代传人。"现在你已经是禅宗的第六代祖师了，"弘忍对惠能说，"为师希望你将来把佛法发扬光大，造福众生。"

惠能恭敬地接过了袈裟和钵盂，深深鞠了一躬，道："弟子领命！"

弘忍法师担心有人要加害于惠能，又催促惠能火速回到南方去避难，还亲自把他送到渡口。到了渡口，弘忍还是放心不下："咱俩一起上船吧，我来撑船。"

"师父请留步！"惠能阻止了弘忍，"弟子自己撑船离开就可以了，师父不用操劳了。"

弘忍笑道："当师父的，自然应该'渡'徒弟嘛。"这句话是一语双关，表面是划船的"渡"，实际上讲的是佛家的"度"，也就是"教化"的意思。

惠能心领神会，他说："师父好意，弟子心领。弟子当初迷惑的时候，师父已经度了我，给我传授佛法、启迪智慧。现在弟子觉悟了，就该自己度自己了。"

弘忍赞叹道："讲得好！惠能，你确实有大智慧呀！那你一路保重，到南方以后，也许还有人要加害于你，你五年内要隐姓埋名，等时机成熟后再出山传法，必定会大放光彩！"

就这样，惠能拜别弘忍，一路南下，不到两个月就到了大庾岭。

夺法风云

果然如弘忍猜测的那样。许多弟子听说六祖之位传给了惠能后，都为神秀感到不服气。神秀本人倒是没有嫉妒，反而替惠能感到高兴。还有一些弟子则是出于私心，想要自己争夺祖师之位。于是，这些不服气的弟子，背着弘忍和神秀，对惠能展开了惊心动魄的追杀。

上百人马追到了大庾岭，其中有个叫惠明的和尚，原本当过将军，武艺高强，一马当先，眼看就要追上惠能了。惠能听到身后的马蹄声越来越近，情急之下，就把衣钵放到路边的一块大青石上，心想：这是禅宗的信物，要是没有佛法的智慧，单凭世俗蛮力是夺不走的！随后就躲在一旁的草丛里。

惠明赶来，看见石头上放着袈裟和钵盂，不见惠能的踪影。他欣喜若狂，便伸手去取。谁知这袈裟和钵盂居然像粘在石头上一样，纹丝不动。惠明大吃一惊，他弯下腰来，用尽全身力气，要把袈裟和钵盂搬起来，结果还是一动不动。

这时候，惠明突然明白，自己的所作所为是何等荒唐。他知道惠能就在附近，于是他大喊："惠能法师，我不是为这衣钵来的，是为求法来的，请您现身吧！"

躲在草丛中的惠能，早已把这一切看在眼里。他走出草丛，盘腿坐在大石上，对惠明点拨了几句佛理，惠明猛然间就开窍了。惠

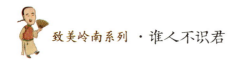

明感触道："我在东禅寺多年，一直悟不到佛法真谛，今天蒙您指点，实在醍醐灌顶！从此以后，您就是我的师父。"就这样，惠明成了惠能的首位弟子。

惠明又提醒惠能后面还有大批人马追来，请惠能赶快离开，由他来引开追兵。于是，两人就此道别，惠能取回衣钵，继续南下广东。

没多久，追兵果然赶到。惠明告诉众人："我早就到这里找过了，又问了附近的人，都没见到惠能，估计追过头了。"于是众人被骗折返，惠能这才顺利脱身。

在此之后，惠能听从弘忍的叮嘱，隐姓埋名了五年，躲过了好些追杀他的人。

南能北秀

五年后，惠能认为危险已过，决定出山。他来到广州法性寺（今光孝寺），印宗法师正在给众僧讲经。突然刮起一阵风，把寺里的幡旗吹了起来。

"风在动。"在场一位和尚说。

"不，这是幡旗在动。"另一位和尚不同意。

二人正在争执，惠能进来了："两位莫争。既不是风动，也不是幡动，是你们的心在动。"

印宗法师一听其言，知道此人非同小可，于是上前攀谈了几句，发现对方对佛理的理解比自己还透彻，便问："阁下有大智慧，一定不是寻常人。我听说弘忍法师将祖师之位传给了一位叫惠能的人，莫非就是阁下？"惠能点点头，拿出了师父传下的衣钵，自证身份。印宗法师和法性寺的僧人一看这就是六祖惠能，都感到欢天喜地，马上拜惠能为师。从此，惠能开始了他辉煌的弘法生涯，他的名声很快传遍了整个南方，吸引了弟子无数。

而惠能的师兄神秀也在湖北荆州自立门户，被称为禅宗北宗，吸引了大量的信徒。神秀法师没有忘记当年的惠能师弟，后来他面见女皇武则天时，还极力推荐过惠能，希望武则天将惠能请进宫来传法。由于惠能和神秀一南一北，当时被称为"南能北秀"，形成了禅宗史上最鼎盛的局面。

惠能禅师76岁离开人世，他生前传法的言论，由弟子整理成书，这就是流传千古的《坛经》。

知多点

"踏碓舂米"是一种农活，我们吃的白米饭，在过去都离不开踏碓舂米这个环节。踏，就是用脚踩。碓，是一种舂米的工具，由石头和木杠组成。舂，是指把东西捣碎。踏碓舂米的

具体做法是这样的:

春米的人利用自身的重量,将一只脚踩在木杠的尾端,使另一端的碓头上翘。当脚松开时,碓头的石块就会下落撞击碓窝里的稻谷,把稻谷的壳捣碎。春米的人就这样不停踩踏木杠的尾端,使得碓头一起一落,最终将碓窝里的稻谷的外壳和里面的米粒完全分离。那些春出来的壳就是米糠,而剩下的米粒就是我们吃的白米。

张九龄

大唐贤相不留情

张九龄，一名博物，字子寿，祖籍范阳（今河北涿州），与姚崇、宋璟并称"开元之世以清贞任宰相"的三杰，政绩斐然，亦写有多篇名作，文才传世。

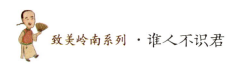

出生在韶州曲江（今韶关市）的张九龄，是历史上第一位经由科举担任丞相的岭南人。他不仅是个出色的政治家，更是才华横溢的诗人，他在被贬官时写下的名句"海上生明月，天涯共此时"，体现出盛唐一代贤相坦荡博大的胸怀。不过，这么优秀的一位宰相，为什么会被贬官呢？

皇帝？不留情面！

要说唐朝的玄宗皇帝最崇拜的偶像是谁，毫无疑问是宰相张九龄。玄宗皇帝自己就精通诗文，但他对张九龄的文采佩服得五体投地。皇帝曾对其他大臣说："咱们大唐这些名士，没一个比得上张九龄，即便我这一辈子啥也不干，光写文章，水平也赶不上张九龄的十之一二。此人真是文坛的大元帅啊！"

而更让皇帝心醉的，是张九龄的"风度"。

张九龄相貌堂堂、温文尔雅，而且总是神采飞扬。唐代的早朝是清晨6点半开始，但很多官员半夜就得起床准备。大家站在大殿上，总是一副没睡醒的样子，只有张九龄精神抖擞，站姿挺拔。"朕不管在哪里见到九龄，都感觉神清气爽！"这是皇帝常挂在嘴边的话。

哪怕很多年后张九龄已经被罢官，玄宗皇帝每次提拔官员时，依然要问一句："这次提拔的人选，风度能比得上九龄吗？"可见皇帝对张九龄欣赏到什么地步。

对这么一位器重自己、崇拜自己的皇帝，张九龄仍是该批评就批评，毫不留情。

玄宗皇帝刚即位，张九龄就上奏说皇帝还没在都城郊外举行祈福仪式，不符合礼仪。

又有一次，洛阳皇宫里传言"闹鬼"。其实这完全是迷信的说法，多半是以讹传讹，或是某些坏人故意传谣来掩饰恶行。但玄宗皇帝向来对神鬼之事深信不疑，每晚睡觉都不自在。他准备提前回长安，于是便召集大臣商议，结果张九龄上奏称："现在正值秋收，御驾经过必定会扰民，皇上不如等冬天再回吧。"

还有一回，皇帝想废掉太子，张九龄直接摇头反对，甚至举出前朝皇帝因为废太子而导致亡国的事例教育皇帝。

总之，就是处处和皇帝"对着干"。

有功之人？ 不留情面！

张九龄当宰相期间，向皇帝举荐的官员不计其数，王维、韦陟等一大批出类拔萃的人才脱颖而出。但是，对于才能不足以担当大任的人，不管过去有多大的功绩，张九龄一概反对提拔，不留情面。

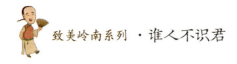

张守珪和牛仙客，就是两个例子。

张守珪是一位名将，长期在边境与吐蕃、契丹等外族作战。他胆略过人，用兵有方，连大诗人高适也作诗夸他："大夫击东胡，胡尘不敢起。"

那一年，张守珪带兵大破契丹，还斩杀了敌方元帅。皇帝很高兴，要提拔他担任宰相。张九龄提出了反对。

"张守珪口碑很好，这次又立了大功，提拔他有什么不对吗？"皇帝很不理解。

"张守珪确实立下大功，但宰相一职是帮皇上处理政务、统领百官的，需要文韬武略、刚正宽仁的人来担当，任命宰相应当谨慎思量、反复考验，不能一立功就封相。历史上多少朝代败亡，都是官员能力与职责不匹配造成的。而且，张守珪这次打败契丹，皇上就封他当宰相，假如将来他把奚族和突厥都灭了，那皇上又封他什么官呢？"

皇帝说："那么，朕只给他这个官名，不给他实权，可以吗？"

张九龄仍然坚持："官名也是严肃的，不能乱给。而且给了官名却不给实权，国家的制度从此就乱套了。"

一番道理，说得皇帝无言以对，只好作罢。

立功的武将，张九龄不同意提拔。那有政绩的文官呢？

当时，凉州的地方官叫牛仙客，勤恳敬业，把当地的经济、民生工程都搞得很不错。皇帝知道有这样一个能干的地方官后，准备调他到京城，封为尚书，却遭到张九龄极力劝阻。

"卿家，到底为什么不能提拔牛仙客呢？你不是也曾经跟朕赞许过牛仙客在凉州的政绩吗？"

"回皇上，牛仙客作为地方官，政绩的确不错。"

"对啊，这样的人才，当个尚书为朝廷效力，不好吗？"

"尚书是朝廷的柱石，并不是人人都有足够能力当的。牛仙客虽然有地方治理的经验，但他读书不多、学识不足，要当尚书他的能力还差得很远呢。"

这下皇帝终于发火了："提拔张守珪你反对，提拔牛仙客你又不让。凭什么总是你说了算？到底咱俩谁是皇帝?！"于是，皇帝这次没有再听张九龄的忠言，终究让牛仙客当了尚书。玄宗皇帝这样随意用人，也导致后来大唐盛世逐渐走下坡路。

奸臣贼子？更加不留情面！

说到张九龄最强的本事，还是辨别奸臣，一辨一个准，简直是一面"照妖镜"。

被这面"照妖镜"照出来的第一个"妖"，是李林甫。

玄宗皇帝打算提拔李林甫当官之前，曾经问过张九龄的意见。张九龄说："提拔李林甫，恐怕会祸害国家。"玄宗皇帝没有听进去，还是提拔了李林甫。

一天，玄宗带着几个近臣在宫中游赏。"爱卿你们看，"皇帝

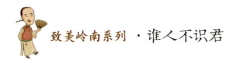

指着鱼塘，"这些鱼游来游去，多么鲜活可爱。"

李林甫一听，抓紧机会讨好皇帝："这是陛下的恩德所致啊！"

皇帝正得意呢，旁边的张九龄突然泼了一盆冷水："池中的鱼，就像陛下用的臣子一样，只是摆着好看，实际上一点本事都没有。"皇帝听出张九龄是在讽刺自己用人不当，脸色马上沉了下来。

自此以后，李林甫经常向皇帝诋毁张九龄。久而久之，皇帝越来越厌烦张九龄，最后更罢了他的宰相职位。"照妖镜"一走，李林甫这个"妖"就接替了张九龄，成为权倾朝野的宰相。李林甫独揽大权后，装出一副与人为善的样子，在人前说尽好话，却暗中排除异己，还使用酷刑来折磨政敌。成语"口蜜腹剑"就来自世人对他的评价。

然而，朝廷里可不止一个"妖"。过了几年，李林甫这个"妖"被罢免了，取而代之的，是一个比他更厉害的"妖"——杨国忠。

杨国忠是杨贵妃的兄弟。因为玄宗皇帝宠爱杨贵妃，且杨国忠当了宰相，朝中的很多文武大臣都来巴结杨国忠。张九龄看出来杨国忠也是一个"妖"，便和朋友说："朝中大臣这样讨好杨国忠，看来他即将大祸临头了。他死不足惜，可惜的是政局动乱，百姓遭殃啊。"

果然，后来"安史之乱"爆发，杨国忠被杀，那些曾经依附杨国忠的人，都受到了牵连。而发起"安史之乱"的，正是大唐王朝的第三个"妖"——安禄山。这个"妖"，更是早就被张九龄这面"照妖镜"照得清清楚楚。

张九龄初次见到安禄山，就发现此人态度傲慢。张九龄告诉朋友："此人是奸诈之徒，料他日后必会作乱，颠覆大唐江山。"

该怎样才能为大唐拆掉这颗定时炸弹呢？机会终于来了。这一年，安禄山作战失利，按律当斩。但皇帝爱惜安禄山骁勇善战，不同意斩首。张九龄坚持请皇帝依法办事，以绝后患。皇帝不肯，还埋怨张九龄枉害忠良，并将安禄山放走了。

这一放，果然酿成大祸。19年后，安禄山造反，玄宗皇帝只好慌忙逃往四川，一路颠沛流离。想起当年张九龄的劝告，皇帝追悔不已，但为时已晚。当年强盛的大唐帝国，早已一去不复返了。而这位一代名臣，也早在15年前病逝于韶州曲江的老家，只剩下他的正直和风度，永载于史册。

韩愈

潮州山水改姓韩

韩愈，字退之，河阳（今河南）人，因先祖曾居河北昌黎，后世称他为昌黎先生，死后谥号"文"，因此又称"韩文公"。

潮州人民为了纪念韩愈对潮州的恩情，将当地的笔架山改名为"韩山"，溪水改名为"韩江"，江边祭鳄鱼的沙洲和渡口改名为"韩埔""韩渡"，还建了一座"韩文公祠"，而韩愈也被尊称为"吾潮导师"。究竟是怎样的恩情，足以让一座城的山水都"改姓"呢？

因一纸谏书　被贬千里外

唐朝时法门寺有一座佛塔，塔里供奉了释迦牟尼佛的手指骨。据传佛骨可以保佑国泰民安。

这一年，宪宗皇帝准备请法门寺打开佛塔，取出佛的手指骨送到皇宫供奉3天，再送到民间的各个寺庙，供人民瞻仰。这个消息诏告天下后，全国上下都十分兴奋，从王公贵族到普通老百姓都希望一睹佛骨，向佛祖许些愿望，沾点福气。

有一个人却兴奋不起来，他就是当时的刑部侍郎韩愈。

和所有的文人士大夫一样，韩愈是读儒家书籍长大的，深受儒家思想影响。他认为朝廷应该以儒家为正统，此外，他也认为迎接佛骨的仪式铺张奢侈，劳民伤财。为此，韩愈写了一篇叫《谏迎佛骨表》的奏章。

宪宗皇帝看后大发雷霆："韩愈说我信佛教不对，我还能容

忍。但他居然说信佛的皇帝都短命，这不是在诅咒我吗？谁能忍得了呢？"便要处死韩愈。许多大臣都为韩愈求情，认为韩愈的这番进谏，也是出于对国家和皇帝的忠心，请皇帝宽恕他。宪宗皇帝冷静下来以后，也觉得就这么处死韩愈有点过分，最后决定贬他为潮州刺史。

韩愈虽然捡回一条命，但没能拦下皇帝迎回佛骨，还要带着一家老小被贬到山遥路远的潮州去，心情自然难过。更让他痛心的是，他12岁的女儿在前往潮州的途中病死了，只能草草埋葬在荒山野岭，这给韩愈造成了极大的打击。

然而，当韩愈来到潮州上任刺史后，身为儒家文人的使命感和社会责任感又充盈了他的内心。他没有继续消极颓丧，而是重新振作，决定好好治理潮州。

一篇《鳄鱼文》 消除鳄鱼患

韩愈刚来潮州没多久，就传召了衙门的典史。

"我希望为这里的百姓做点实事。明天一早你打扮成普通人去市集一遭，打听一下他们有什么困难和遭遇，回来告诉我。"

傍晚时分，典史按时回到衙门向韩愈复命："大人，我今天到市集、饭馆、酒肆各种地方，和百姓谈天，结果大家都提起同一件事。这里有一条溪，住着许多异常凶猛的鳄鱼，足足有一丈长，常常把百姓养的家畜都吃光，把农田踩坏，有时还会伤人性命。大家特别惧怕那些鳄鱼，都把那条溪叫作'恶溪'，平时没人敢去取水，这对大家的生活造成很大困扰。"

第二天，韩愈亲自到恶溪边上视察，发现果然有成群的鳄鱼盘踞着，其中两只鳄鱼正在撕咬着血淋淋的鸭子，想必是村民在附近赶鸭子时没看住，被鳄鱼叼了去。韩愈看着鳄鱼那排尖牙，心想："这一带经济落后，恐怕鳄鱼要负很大责任。我一定要除掉这些鳄鱼，还百姓一个安全的生活环境。"

韩愈回到衙门后，先吩咐手下张贴告示，请全体居民在两天后的辛时（下午5点）到恶溪边上的渡头集中。他自己则用一晚的时间，写了一篇文章。

两天后，当地居民早早来到渡头，渡头上一下变得人山人海。这个时辰，岸上见不到鳄鱼，但居民们平常受过鳄鱼的欺负，现在光是看到溪水都觉得胆战心惊。

"你说，这刺史大人召集我们过来，葫芦里到底卖什么药啊？"居民们议论纷纷。

辛时，韩愈准时出现在渡口。他和居民们问了声好，便吩咐身旁的判官摆上一些祭祀物品。随后，韩愈拿出了预先写好的《鳄鱼文》，望着溪水的方向，高声地朗读道："鳄鱼啊鳄鱼！我到这里来做地方官，为的是保境安民，你们却在此祸害百姓。我告诉你们，潮州的南面就是大海，我希望你们移居到那里去，别在潮州继续害人了。大海离这儿不远，你们早上出发，晚上就能到达，而且

大海里有各种海洋生物和你们做伴，食物也够你们食用。"韩愈清了清嗓子，继续念道，"现在我和你们约定，至多三天，务必迁到大海去；三天办不到，就给你们五天；五天办不到，就给你们七天；七天还办不到，说明你们没有把我放在眼里。那样的话，我就会挑选一批身强力壮的人，手持强弓毒箭，把你们赶尽杀绝。你们可不要后悔啊！"

居民们这才晓得，刺史大人这是想帮他们"说"走鳄鱼。不过许多居民都觉得很荒唐：这鳄鱼哪里听得懂人话？刺史大人莫非是拿我们寻开心？也有一些居民看见韩愈的祭坛布置得像模像样，觉得他也许真懂法术，能赶走鳄鱼。总之，大家带着疑惑，各自回家去了。

说来神奇，据说韩愈念完《鳄鱼文》的当晚，恶溪上空突然雷鸣电闪，刮起狂风，下起暴雨。从那天起，大家再也没见过鳄鱼出没，不知是否真像韩愈说的那样，都迁徙到南方的大海去了。从此，潮州人再也不用担心鳄鱼的威胁了。

鳄鱼真的能听懂人话？这到底是怎么回事呢？后人对此一直有不同的猜测。有人觉得，这是韩愈为民解忧的诚意打动了上天，上天用神力驱赶了鳄鱼。又有人认为，韩愈驱赶鳄鱼的故事，完全是子虚乌有。要么是韩愈自己编出来传到朝廷的，为了让皇帝相信他有沟通万物的能力，从而愿意重新重用他；要么是爱戴韩愈的百姓编造出来的，表示连动物都愿意听韩愈的劝导。还有人说，韩愈表面上是把鳄鱼"说"走的，其实背地里使用了科学手段，比如悄悄用了什么烟之类的，把鳄鱼熏走；或者是他已预判到当地气候即将变冷，鳄鱼要集体去南方避寒，所以故意选这个时候念《鳄鱼文》，让当地人相信自己精通法术，好吓唬坏人让他们不敢作恶。甚至有人认为，韩愈的这篇《鳄鱼文》，根本不是为了驱赶鳄鱼，而是故意说给那些贪官污吏和地方恶霸听的，因为他们和鳄鱼一样，都在祸害百姓。韩愈是想警告他们，如果再不收敛，自己就要出手整治他们。

聪明的读者，你是怎么想的呢？

短暂的相交　一生的友谊

韩愈认为，潮州之所以落后，还有一个重要原因，是之前的地方官不重视教育，导致当地百姓文化水平不高。所以，治理潮州必须从办教育入手。

不过韩愈意识到，自己是被贬到潮州来的，没准哪天又被调回京城。要想真正搞好当地的教育，最好是找个当地人来办，这样，即使自己调走了，教育事业也能继续办下去。

于是，韩愈到处察访，终于打听到当地有一位颇有学问的进士，叫赵德。韩愈登门拜访赵德，和他谈论儒家理论和文学创作。韩愈发现，赵德博闻强记，而且对于文化教育有独到的见解。这让韩愈更加确信赵德是可以托付之人。

"赵兄，我希望举荐您担任海阳县的县尉，主持教育事业。"

赵德一听，简直受宠若惊，忙道："承蒙韩大人看得起，我必不负您所托，办好潮州的教育。请问大人有什么想法吗？"

"这头一件，就是要推广'正音'。"正音是唐朝中原地区的通行语言，也就是唐朝的普通话。韩愈认为，潮州地区想要学习中原地区的先进文明，和中原人做生意，前提是学好中原地区的语言。

"韩大人言之有理。我这就回去编写我的办学方案，回头再向您汇报。"

之后，赵德根据韩愈的指导，开始创办潮州的官办学校。此外，赵德还大力推行儒家思想，推动潮州儒学发展，使当地文化学术水平赶上中原地区。韩愈则将自己所有的俸银都捐了出来支持赵德办教育。韩愈和赵德二人互相敬重，交往甚密。

八个月以后，朝廷降旨，把韩愈调到袁州当刺史。在离开潮州之前，韩愈辞别赵德："赵兄，我们这一别，今后也许不能再见，您要好好保重。愿您能坚持将潮州的教育办好。这段珍贵的友谊我将一生铭记。"

"韩大人，您对我的知遇之恩，我无以为报。请您放心，我一定会努力将潮州的教育办得有声有色，让更多的潮州人民长见识、知礼仪。您对潮州的情义，我和潮州人民永不会忘记。"

韩愈写了一首《别赵子》送给赵德，还将自己平生的所有文章留给赵德，这些文章既体现了韩愈一流的文学素养，也不乏济世安民之道。赵德没有辜负韩愈的期望，在往后的日子里，他饱读韩愈的文章，思想更加成熟，学问更加扎实。他还将韩愈的诗文编成了文集，作为潮州人的教材，有力推动了潮州文化教育事业的发展。

知多点

　　韩江是广东省的第二大河流，流域范围涉及广东、福建、江西三省，流域面积达30112平方千米。

　　韩江古时叫"员水"，由于鳄鱼为害，老百姓都称它为"恶溪"或"鳄溪"。后人为了纪念韩愈在潮州的功绩，才改称韩江。

苏东坡

不辞长作岭南人

苏轼，字子瞻，号东坡居士，四川眉山人，与父亲苏洵、胞弟苏辙并称"三苏"，父子三人均被列入"唐宋八大家"。

900多年前，才华横溢的北宋大文豪苏东坡被贬岭南。对于当时的士人来说，被贬的心情往往是沉重和悲痛的。但苏东坡经历了被贬黄州（今湖北黄冈）后，EQ（情商）一直在线，在被贬岭南的路上，他很快便调整好心态，逐渐从忧郁转为豁达，这种心态的转变在他抵达广东惠州时达到了顶点。

在岭南化身吃货

绍圣元年（1094），苏东坡57岁，因为得罪政敌，被贬官到位于岭南地区的惠州。虽然还有官衔，但不能管事，连工资也只剩一半，衣食住行全得自己买单。

刚接到贬官惠州的旨意后，苏东坡的心情别提有多低落了。他在路上写下了"天涯流落泪横斜"这样伤感的诗句。也难怪苏东坡"泪横斜"，当时的岭南，在北方人印象中一直是穷乡僻壤，经济落后、疫病横行、蛇虫出没。朝廷里的官员一旦触犯了律法，最可怕的自然是砍头，其次就是流放到岭南来了。很多官员干脆在出发前写好遗书、安排好后事，因为大多数人到岭南后，都等不到活着回去的那一天。

不过，当苏东坡路经清远时，有一位秀才向他描绘了惠州的风光。苏东坡本是出了名的旷达之人，一听秀才的话，愁绪马上消减

了一半，甚至产生了一丝期待。等他抵达惠州后，发现这里果然山清水秀、风光明媚。苏东坡出发前心中的愁云惨雾，顿时被抛到九霄云外去了。

更让苏东坡惊喜的是，岭南竟是个"美食天堂"。作为史上最著名的"吃货"之一，苏东坡向来是走到哪儿、吃到哪儿、写到哪儿。后人只要读他的诗文，就能清楚知道他在哪里品尝过什么美食。这次来到岭南，苏东坡的"美食地图"里又增添了重要的板块。从此，他"饱食惠州饭，细和渊明诗"，一边享受美食，一边吟诗作对。

他不止爱吃，还自己动手做，甚至发明了一些流传至今的菜式，最有名的当属他被贬黄州时发明的"东坡肉"。而他在惠州也发明过一道菜，今天亦人尽皆知，那就是"羊蝎子"。

当年惠州的屠户有个惯例，每天只宰杀一头羊。这是因为惠州太穷了，当地做官的、有钱的人就那么几个，多杀羊也卖不出去。苏东坡虽买得起，不过每天就那么点羊肉，他一个外来人，又是戴罪之身，哪里敢和当地的权贵抢羊肉呢？于是他私下嘱咐屠户，给他留下没人要的羊脊骨。他买回家以后，煮熟沥干，表面涂上酒和盐，再用小火烤，烤到骨肉微焦，刮下骨头上粘连的那点羊肉，就可以吃了。按苏东坡的说法，这样吃起来，能吃出虾蟹的味道呢！后世的"羊蝎子"就是这么来的。

此外，不得不提的还有让苏东坡吃上瘾的佳果——荔枝。有一次，地方官邀请苏东坡品尝荔枝，苏东坡吃完回味无穷，写下了脍炙人口的《食荔枝》：

> 罗浮山下四时春，卢橘杨梅次第新。
>
> 日啖荔枝三百颗，不辞长作岭南人。

这首诗说的是：罗浮山下四季如春，新鲜水果数之不尽，有枇杷、杨梅，还有我最喜欢的荔枝。要是能每天吃上三百颗荔枝，我实在乐意永远都做岭南人啊！

在惠州这段日子里，他有多篇诗词、书信、文章都提到了荔枝。因为有荔枝的慰藉，想必苏东坡对岭南的热爱又多了几分。

在岭南寄情山水

岭南美食让苏东坡大饱口福，而岭南胜景则令他目不暇接。苏东坡凭借一支生花妙笔，将岭南各处风光化作无数锦绣诗文。这些诗文既是苏东坡绝世才华的浓缩，也是岭南山水人文的真实写照。

南下惠州的苏东坡，途径韶州（今韶关）仁化县，投宿于浈江北面的建封寺。他从寺中俯瞰南面的江水、市镇、郊野，顿感心旷神怡。看到那无边赭红色的丹霞山，苏东坡更是不由得感叹："此方定是神仙宅！"

从韶州继续赶路，就来到清远。这里有一座远近闻名的飞来峡，苏东坡怎肯错过？他泊舟靠岸，登飞来峡，访飞来寺，遥望江水汩汩淌过山脚，聆听山风呼啸穿过密林，大笔一挥，便有"天开

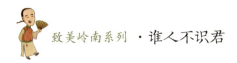

清远峡，地转凝碧湾"道出飞来峡山水的壮阔。

之后，苏东坡在广州慕名拜谒南海神庙，又登上庙西的浴日亭观看日出。兴之所至，他挥就一首《南海浴日亭》，惊叹烟波浩渺、旭日灿烂。

抵达目的地惠州后，苏东坡更是思如泉涌。最先受到他青睐的，是他刚到惠州的落脚点——合江楼。合江楼建在东江和西枝江合流的地方，因此得名。苏东坡看着楼外的滔滔江水，时常有感而发。有时，他情绪高涨，就歌颂楼外山海苍茫的壮丽气象："海山葱昽气佳哉，二江合处朱楼开。"有时想到自己青春不再，人生暗淡，就连笔下的山光水色也充满愁容："佳人斜倚合江楼，水光都眼净，山色总眉愁。"自从这些名句流传开来，惠州合江楼就更加远近皆知了。

除了在广东游历，苏东坡还远涉同属于岭南地区的广西。他的一句"江月夜夜好，山云朝朝新"，就是写于广西藤县的浮金亭。广西的梧州、容县、玉林、博白等地，据说也都留下了苏轼的足迹。岭南的许多景点，都因苏东坡的作品而名扬天下。

在岭南守护爱侣

无论是品尝美食佳果，还是游览风光形胜，既是苏东坡在享受生活，亦是他在自我排解。事实上，苏东坡在惠州的生活并不舒适，一切活动都受到地方政府的监视和限制。支撑苏东坡熬过这段岁月的，除了他本人豁达风趣的性情以外，也离不开一个人在生活上的照料和心灵上的陪伴，这个人，就是他的爱人王朝云。

苏东坡与王朝云邂逅于杭州西湖，初相识彼此便互相深深吸引，决意相伴终身。两人共度了二十二年同甘共苦的时光。后人常常吟诵的"欲把西湖比西子，淡妆浓抹总相宜"，字面上是苏东坡在写西湖的秀丽，实际上是赞美王朝云浓淡皆宜的容颜。

王朝云容貌出众，但真正征服苏东坡的，还是她的善解人意与聪慧。

某日，苏东坡在家吃完饭，用手摸着圆滚滚的肚子踱步，心中一动，问家中的女眷们："你们说说看，我这肚子里装的是什么东西？"

一位侍女迅速反应，抢答说："装的都是文章。"这个答案不可谓不巧，但苏东坡摇摇头——在他耳中，这不过是毫无新意的恭维话。

"老爷您是满腹机谋。"又一位侍女答道。可苏东坡还是摇摇头。

这时，一旁的王朝云慢悠悠地说道："苏大学士，你呀，是一肚子的不合时宜。"

苏东坡听了，捧腹大笑。王朝云的答案不仅幽默，而且一语中的。当时朝廷党争激烈，新党和旧党轮流掌权，满朝士大夫几乎不是新党，便是旧党。唯独苏东坡始终保持中立，他认为两党的主张各有利弊，不依附任何一党，因此两头不讨喜，老是遭到打压。王朝云说他"一肚子不合时宜"，实际上是赞赏他独立思考、不愿见风使舵，这恰恰也是苏东坡最自豪的一点。只有王朝云看透他的心思。

苏东坡在杭州待了三年后，先后调动至密州、徐州、湖州当官，后来又被贬到黄州、惠州，王朝云始终相依相随，无怨无悔。

两人来到惠州后，见到丰湖第一眼，就想起在杭州西湖初遇的情景，所以苏东坡把"丰湖"改叫"西湖"。从那天起，苏东坡经常挽着王朝云在湖边漫步，或者在湖上泛舟，一同回忆在杭州时的美好时光。

王朝云的体贴关怀，就像柔和的烛光，照亮了苏东坡的坎坷人生。在端午节前夕，苏东坡为王朝云写下"佳人相见一千年"的深情之句，寄望与王朝云白头偕老。

可怜王朝云抵受不住岭南的恶劣气候，染上瘟疫，年仅34岁便香消玉殒，长眠在了惠州西湖的山水花木之中。苏东坡为王朝云写下多首悼词，又在惠州西湖畔建了一座"六如亭"，栽上梅花，纪念这位知心爱人。

在岭南惠泽百姓

痛失爱侣的苏东坡，更加一心扑在了造福百姓的工作上，他做了大量有口皆碑的民生实事。

苏东坡在湖北见过一种叫"秧马"的插秧工具，农民坐在上面插秧，不仅不会腰酸背痛，还能提高插秧速度，他便指导惠州人制作秧马；他发现香积寺的溪水很急，水力较强，就请当地县令修筑水碓和水磨，供当地农民捣米和磨面；他还到处搜罗药品，为居民医治奇难杂症。

有一年，惠州粮食丰收，米价大跌，官府收税却只收钱不收粮。为了交税，农民不得不贱卖粮食来换钱。苏东坡觉得这样对农民不公平，就两次给官员写信，建议让农民交税时自行选择交米或是交钱，减轻农民负担。

解决了群众的"钱袋子"问题后，苏东坡又把目光聚焦到交通安全上。今天的惠州西湖有一条绿树成荫的大堤，叫苏公堤，就是苏东坡倡议修筑的。湖上原来没有桥，老百姓涉水出行，既麻烦又危险，经常有人溺水身亡。苏东坡知道后，提议在西湖上修筑一道横跨湖面的大堤，以解决百姓出行难的问题。

要建大堤，就得筹集费用，可苏东坡当时手头拮据，连维持自己的生计都很勉强，哪里还有钱拿出来呢？他只好动员当地亲戚捐助几千两黄金，而他自己则把皇帝御赐的腰带也捐出来了。大堤建好以后，惠州的百姓欢呼雀跃、奔走相告。他们为了铭记苏东坡的恩情，把大堤命名为"苏公堤"。

苏东坡不只心系惠州百姓，邻近的广州百姓，他也同样记挂在心，还设计出了广州最早的自来水工程！

原来，当时广州的珠江水特别咸苦，不适合饮用。苏东坡听闻此事以后，便给太守写了一封信，根据他治理杭州的经验提议将蒲涧山的山泉水引入广州城，解决饮水问题。蒲涧山就是现在的广州白云山，山里的泉水甘甜清澈，的确适合饮用。只不过，蒲涧山离广州城十里远，怎样才能把泉水引到城里呢？

这可难不倒苏东坡。他建议太守先在山泉的下方造一个石槽，然后在石槽接上空心的竹管，一根接一根，形成一根长长的水管，一直接到广州城。城里也造一个大石槽，这样，山上的泉水流入石槽后，就会顺着由高到低的地势，直接流入城区，全部灌入这个大石槽里。之后，再用其他竹管接到这个石槽，把水分流到家家户户门前的小水槽，居民在家门口就可享用泉水啦。

广州太守听从苏东坡的建议，着手兴建这个引水工程。不过，太守还想到另一个实际问题："将来万一竹管堵了，我们又不晓得是哪一根，岂不是要把所有竹管都拆出来检查？那可就麻烦大了！"

"这个简单，在每根竹管上钻一个小孔，平时塞住。将来要是出现堵塞，只要把竹管的塞子逐个拔掉，看哪个小孔不出水，就知道是哪根竹管堵住，直接更换那一根就行，不用把竹管拆出来，省时省力。"

"不愧是苏东坡！"

之后，苏东坡亲力亲为，和太守一起制定具体的方案、筹集经费，直至完工。

正当苏东坡准备好在岭南终老此生之时，朝廷忽然下旨，把苏东坡贬到更偏远落后的儋州（今海南）去了。苏东坡只好离开生活了两年多的岭南，前往下一个目的地。他凭借一如既往的乐天性情与广阔胸襟，继续克服生活的艰苦，与大宋最南端的明月清风低吟浅唱，不醉不归。

崔与之

守土安民不恋权

崔与之，字正子，号菊坡，广东增城人，一生为朝为民尽职尽责、呕心沥血。他病逝后，皇帝为表哀思罢朝辍乐减膳，并追封他为南海郡开国公。

广州越秀区朝天路崔府街上有个看似平平无奇的幼儿园，据说曾是一座叫"晚菊堂"的府邸，不仅种满菊花，还住着一位大名鼎鼎的模范贤官，他便是南宋的崔与之。俗话说："当官不为民做主，不如回家卖红薯。"怎样才算是为民做主的好官呢？读完崔与之的故事你就知道了。

大公无私 为民解忧

南宋绍熙四年（1193），35岁的岭南人崔与之终于中了进士，得到了当官的机会。不过，这和很多人想象中的荣华富贵八竿子打不着。崔与之仕途的第一站，是浔州（今广西桂平）。当年，这里可是一片穷山恶水，而他所担任的官职，叫作"司法参军"，是地道的九品芝麻官，工资微薄。

刚上任不久，崔与之就遇到了难题。

南宋政府在全国各地都设有粮仓，遇到粮食歉收时，可以将粮仓里的米粮分发给百姓，赈济灾民；遇到战时，也能作为军粮派上用场。

不过，浔州由于太穷，已多年没钱修葺粮仓，仓顶和墙体都有多处破损，一旦雨季来临，仓库随时会进水，米粮被水泡过就成了废品。浔州的长官再三考虑，认为与其看着米粮迟早要变质，不

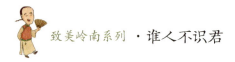

如将它们全部卖掉，换成实实在在的银子，好歹还能用来承担其他开支。

这种想法也不能说没有道理，但作为下属的崔与之坚决反对："大人，假如卖掉米粮，万一真的碰到粮食歉收，或者遇上军情，到时就没办法应急了。"

"与之，你的想法我也理解，可万一粮仓漏雨，米粮就会变得一文不值，损失不是更大吗？"

"大人，此事包在我的身上。"

你猜崔与之怎么解决？他竟将自家的屋瓦拆下来盖在粮仓上，而自家屋顶则用茅草临时顶替。

"与之，你实在是有勇有谋，不仅敢于据理力争，劝我不要卖粮，更难得的是你大公无私、顾全大局，竟牺牲自家的屋顶来保住官府的粮仓。待你任满，我一定向上级大力推荐你。"

就这样，完美解决了粮仓问题的崔与之，很快就被长官推荐到他仕途的第二站——淮西（今安徽合肥），担任提刑司检法官。这下，他终于有机会独立处理案件了。

当时，有一位京城高官的儿子霸占民田，其他官员都不敢过问，唯有崔与之秉公办理，处之以法，责令这位"官二代"退还民田，抑制了豪强气焰，得到百姓"守法持正"的赞誉。

之后，崔与之又被调任为新城县（今江西南城）的长官。从司法系统转为行政系统后，崔与之马上面临更大的考验——朝廷准备对金作战，下令各地以极低价征收农民的粮草和布帛。政令下来后，百姓叫苦连天。

"这不是折腾老百姓吗？"崔与之实在看不下去，他冒着被朝廷追究责任的危险，不执行这条命令，而是在他所管辖的新城县按市价收购粮草。

由于价格合理，新城县的农民都乐意卖粮草。结果，新城县收集到的粮食，比其他低价收购粮食的地区多，崔与之不仅没被朝廷追究，还受到了表彰。

英勇抗金　保家卫国

此时，金国对南宋的攻势日益加强，前线告急，朝廷正值用人之际。恰好崔与之治理地方的政绩传到了京城，朝廷便派他到扬州担任军政长官，组织抗金工作。

文官出身的崔与之，在作战中的表现又如何呢？

一到扬州，崔与之就显示出过人的军事才干。他知道金人善战，兵强马壮，宋军不宜草率应战，必须以守为主。于是他组织民兵，储备粮食，修筑城墙和防御工事，短时间便提高了防守能力，不给金兵可乘之机。

这时，邻近的浙东一带发生饥荒，大批饥民涌向旁边的州郡。其他州郡都担心秩序混乱，不敢收容饥民，唯独崔与之下令放难民入城。俗话说"塞翁失马，焉知非福"，崔与之此举堪称"化危为

机"，不仅救活了万余灾民，还将这些灾民编入军队，一下子增强了军事力量。

扬州防线日益坚固，这本来是好事，没想到却勾动了一颗不安分的心，他就是宰相史弥远。这家伙本就是个好大喜功的小人，靠着钻营谄媚当上了宰相，安坐京城也就罢了，偏偏他还爱表现，总想着积累点军功耀武扬威。这不，他看扬州的军队整顿得像模像样，就"作死"起来了，竟然不自量力地下令扬州将领进攻金国的地盘。结果非但没有攻下，还全军覆没了。

最痛心的自然是崔与之。他悲愤地上书朝廷，字字泣血："我花了五年时间，辛苦养兵，结果这一万多条人命，都丧于你史弥远一人之手！"

更要命的是，金国马上又率大军进攻宋国。由于宋军此前已经损失了万余人马，根本抵挡不住金兵的攻势，城池一个个被攻占，情势迫在眉睫。

这下，史弥远又惊慌失措，不断催促崔与之与金人议和。崔与之回信拒绝："金军现在气势汹汹，这时候议和，肯定会被迫签订屈辱条款。"于是，崔与之不理会史弥远，只管加强防御。在崔与之的努力布防下，金兵的进攻没有占到便宜，扬州再次稳定下来。

几年后，金兵侵犯四川，势如破竹。朝廷只好又把崔与之这位抗金名将请到四川指挥军队。

四川的文武官员之间一直有些恩怨，相互排挤。但崔与之到四川后，以其真诚的性情以及高明的组织才能，让四川的同僚和将士都心悦诚服，和睦共处。

崔与之用人也很有一套。金国名将呼延械及其部属投诚宋军，崔与之以礼相待，并充分利用呼延械熟悉金军的优势，取得了对金作战的一些胜利。

在崔与之的治理下，四川很快变成了军政协调、兵精粮足的地区。四川人为了纪念崔与之这位德高望重的统帅，合力给他修建了祠堂，尊称他为"西蜀福星"。

可惜岁月催人老。由于年事已高，崔与之不得不告老还乡，离开依依不舍的四川人民回到了广东老家。

不当大官　不贪财宝

当崔与之还在四川当长官的时候，朝廷赞许他的政绩和军功，曾召他入京任礼部尚书，但他上疏请辞，希望告老还乡。

崔与之回广州养老以后，皇帝换人了，新皇帝同样十分赏识崔与之，在四年内下了七道诏书，接连任命崔与之担任参知政事、右丞相等官职。这几年间，丞相之位一直悬空，等崔与之上任。皇帝还让一位官员暂停公务，专门去广州劝崔与之接受丞相一职。这在许多人看来简直是不可思议的荣宠，是盼星星盼月亮都盼不来的。而崔与之竟然连上十三份奏疏，以自己年老体衰为由，请皇帝收回成命，坚决不肯当这个丞相。连皇帝也不买账，可见崔与之是何等清高。

　　崔与之不稀罕权位，也不贪图富贵。在崔与之当官的岁月里，经常有同事给他送礼，也有不少居心不良之人贿赂他，他总是一一婉拒。他到各地巡察时，钱粮物品都是自己携带，不让地方官准备。他离开四川时，爱戴他的人民沿路馈赠，他一概不受。

　　即使是对亲戚，崔与之也同样刚正不阿。崔与之的姐姐有个儿子，姐姐曾经托崔与之帮外甥找个一官半职，崔与之认为这是以权谋私、任人唯亲，坚决不肯答应。崔与之儿子大婚，媳妇家中比较富裕，将自家的七百多亩田地送给崔家作为嫁妆。这本来也是习俗，但一向廉洁的崔与之不肯白白受人钱财，竟"无情"地要求儿子将田地全部退回媳妇娘家。

　　崔与之在广东老家安享晚年，一直活到81岁高龄才离世。"无以嗜欲杀身，无以财货杀子孙，无以政事杀民，无以学术杀天下后世。"这是崔与之的座右铭，也是他一生的写照。

知多点

　　"司法参军"是个什么官呢？

　　宋朝的地方州长官，叫"知州"。知州需要掌管一州的军事、民政、财务、司法、文教、赈济、公文等事务，所以知州需要一个团队。于是，朝廷会给每个知州安排若干名幕职官，管理行政事务；再安排若干名诸曹官，负责司法刑狱。

诸曹官分为录事参军、司理参军、司户参军、司法参军四类。其中录事参军最大，负责统筹全面司法工作；司理参军负责审理刑事案件；司户参军负责审理民事案件，兼管户籍、赋税、粮仓；司法参军负责根据案情事实来判断适用的法律及量刑，同时也兼管粮仓。

陈献章

一生『孝思』创『茅龙』

陈献章，字公甫，号石斋，又号白沙子，在治学和教育上颇有影响，是明代著名的教育理论家，平生著述被编为《白沙子全集》传世。

陈献章是岭南最负盛名的思想家和诗人之一，也是一位独出心裁、敢于创造的书法家，他甚至发明了一种茅草做成的笔，并起了一个威风的名字——茅龙笔。他还是一位模范孝子，为了母亲甚至连官都不做。

分道扬镳　师恩难忘

在江门市郊，有一个"白沙村"，村外有一条天沙河，河岸的细沙雪白晶莹，"白沙村"因此而得名。这里是明代思想家陈献章的家乡，所以人们称呼他"白沙先生"。

陈献章从小聪明好学，读书过目不忘。19岁那年，陈献章参加广东的乡试，考中举人；20岁赴京参加会试，考中副榜进士（相当于备选生），进入了中国古代最高学府国子监，继续读书求学。但他在考试方面的运气就到此为止了。之后他又参加了两次会试，都没考上。

不过，陈献章并没有因此就放弃学业："我读书可不光是为了考试的。"他听人说在临川（今江西抚州）有位姓吴的大学者，博古通今，但弃官不做，在家讲学。

"这吴先生如此清高，我可得见一见他。"于是，陈献章长途跋涉来到临川，见到吴老先生。

刚拜入这位吴老先生门下，陈献章就感觉他的教学方式与众不同。吴老先生话很少，也不常教学生读经诵典，却喜欢让学生做农务，做得一个个满头大汗，借此来锻炼勤奋坚毅的意志。

一天早上，太阳才刚刚冒头，吴老先生就起来晒谷子。见陈献章还躺在床上，吴老先生就在屋外喊道："读书人啊，你这样懒惰，几时才能修炼到孟子、程颐这些先贤的学问境界啊？"陈献章一听，羞愧得无地自容，立马起床向老师赔罪，主动拿过农具奔田地里去了。吴老先生还叮嘱学生读书时要心无旁骛、精神集中，这种良好的学习习惯，为陈献章将来的学术生涯打下了扎实基础。

陈献章来了几个月，一直做着耕种、簸谷、编篱、磨墨、沏茶之类的琐碎杂务。血气方刚的陈献章对这种教学方式逐渐感到失望，除此以外，陈献章对于吴老先生的一些学术观点也并不认同。所以在来年春暖花开时，他就向吴老先生请辞回乡。老师心里知道这个学生天赋异禀，自己是留不住他的，便亲笔题写"孝思"二字赠给陈献章，希望他孝顺母亲、独立思考。陈献章怀揣着老师的礼物，回到家乡白沙村，开始闭关静修。

青年时代的这段求学经历，让陈献章一辈子记忆深刻，满怀感恩。多年后，陈献章专门前往吴老师的墓前祭拜，并含泪撰写祭文，回忆吴老师旧日的栽培和训诫，表达对恩师的缅怀和感激。

十年寒窗　半生育人

吴老师送他的"孝思"二字，陈献章时刻牢记在心。他首先要践行的，正是这个"思"字。

辞别老师回到白沙村之后，陈献章建了一间书房，名叫"春阳台"。他还在墙上凿了个洞，告诉母亲："娘，以后在我读书期间，饮食和衣服麻烦从这个洞里递给我吧。要是有宾客来拜访，请您跟他们说我不在，免得打扰我学习。"

就这样，陈献章隐居在这个背山面江、茂竹环绕的春阳台里，听着风吹翠竹的婆娑声，每天苦读儒家经典，思索先人哲理，疲累时就走出房门外，看看旖旎的风光。

秋去春来，十年转眼过去，陈献章的学问与修养突飞猛进，他的"思"总算有了成果。为了将自己的所思所悟分享给后辈们，他决定在春阳台开班教学。

陈献章坚持"有教无类"的原则，不管是屠夫、差役、商人、农民，什么人他都愿意收，于是他的名声越来越响，各界人士纷纷前来拜师，白沙村一天比一天热闹。

但陈献章这老师当得特别有个性。他主张"学贵知疑"，也就是读书要敢于质疑。他时常告诫学生："脑子里弹出一个小问号，就能够取得一点小进步；弹出一个大问号，就能够收获一个大进步。只有先产生疑问，才有机会领悟真理啊！"

当年那个珍贵的"思"字，陈献章不仅自己做到了，还传递给了下一代人。

讲学之余，他又带着学生在野外练习骑射，不让学生当书呆子。他一生弟子遍天下，不少学生在他的教诲下，成长为国家栋梁。

陈献章数十年如一日，过着清淡的教书生活，当地的县官敬重他的人品，每月派人送给他一石米，他却婉言谢绝。有一位富商买了一所园林豪宅要送给他，也被他拒绝了。

"我家里有土地可以耕种，饿不死，我心满意足啦！"

"茅龙"一出　技惊天下

除了献身教育事业以外，陈献章还是一位杰出的书法家，不仅写下多幅传世的书法作品，还为书法界留下了一件无与伦比的珍宝——"茅龙笔"。

陈献章发明"茅龙笔"的经过，同样得益于他的"巧思"。

某年秋天，誉满天下的陈献章应邀来到圭峰山脚下的屋舍讲学。这天，一位客人求见陈献章。原来，这位客人来自北方，因仰慕陈献章的才名，专程找他求取一幅大字。

"坏了，这趟来圭峰山，只随身带了两支小羊毫用来抄写，没带大毛笔呀，这可怎么写大字呢？"眼看人家远道而来，实在不忍扫他的兴。陈献章正在发愁，忽然想起昨天散步时看到漫山的茅草，他顿时有了主意："阁下请稍等，我去去就来。"

过不多久，陈献章竟然抓着一把茅草回来了。原来，刚才他问附近的农民借了一把镰刀，上圭峰山割茅草去了。只见他将茅草裁切整齐，捆成一束，稍加修剪，蘸上浓墨，在纸上一阵撇捺钩点，一幅生猛的行草作品便完成了。客人意外得到这幅独一无二的"茅草字"，欣喜不已，连番道谢，心满意足而去。

客人离开后，陈献章还在回味刚才写字时的快感："没想到用茅草写出来的字苍劲有力，别有风味。"看着那些剩下的茅草，他又暗自琢磨道："要是我再加工改进一下，说不定能做出更加精美的笔来。"

自古以来，造笔通常用狼毛、羊毛等动物毛为原材料，所以才叫"毛笔"。但动物毛笔取材难度相对较大，制作工艺也复杂，陈献章一直为此事苦恼。茅草在岭南的山野则到处都是。"要是能把茅草造笔的工艺改良，并且大规模生产，不就能解决好笔难得的问题了吗？"

于是，陈献章花了好几年时间研究，尝试了各种办法，终于制作出了富有弹性、吸墨性强的茅草笔。更关键的是，由于茅草纤维的硬度和韧性比兔毛、狼毛更高，写出来的字有种龙飞凤舞的气势。于是，陈献章给这种笔起了个威风的名字，叫"茅龙笔"。

自打发明了"茅龙笔"以后，陈献章可喜欢用"茅龙笔"写字啦。他还根据"茅龙笔"的特性，独创出一种粗犷雄浑的"茅龙书法"，用这种书法创作了许多优秀的书法作品，其中最著名的《慈

元庙碑》，还被誉为"岭南第一碑"呢！

母子情深　奉养天年

除了遵行"思"字，陈献章同样谨记吴老师留下的"孝"字。他生命中最重要的人，毫无疑问是他的母亲。

他的父亲在他出生前一个月就去世了，母亲20来岁便守寡，一手把陈献章兄弟带大。小时候的陈献章体弱多病，9岁还没断奶，让母亲牵肠挂肚。在单亲家庭成长起来的陈献章，见证了母亲的辛劳，终生感念母爱，与母亲感情十分深厚。

青年时期，陈献章为了求学，曾经计划搬家，但由于母亲不愿意迁居，陈献章便放弃了，一直陪伴在母亲身边照顾她。作为儒者，陈献章内心排斥宗教仪式，觉得那都是迷信，是用来唬人的。但他的母亲信佛，有时会要求儿子做佛教的祷告仪式，陈献章都顺从母亲的安排。陈献章为人俭朴，但在母亲跟前，他总是身穿花花绿绿的漂亮衣服，为的是让母亲看着高兴。中年以后的陈献章身体更差，而母亲身体还很硬朗，他担心自己没办法为母送终，就每晚诚心向天祈求："求求老天怜悯，让我死在母亲之后吧，这样我才能陪她走完这一生啊！"

陈献章55岁时，得到地方官员举荐，要上京为朝廷效命。经过半年旅程，好不容易到达北京，却传来老母亲在家乡病重的消息。

陈献章二话不说，马上给皇帝上奏，请求批准他回家侍奉病母。他在奏疏里写道："我小时候病不离身，要不是得到家母的悉心照料，早就不在人世了。我今年56岁，家母年近80，她还把我当作小孩一样疼爱。世上的母亲都关心孩子，但像家母一样对我日日夜夜挂在心上的，试问天底下有几个母亲能做到呢？"

皇帝被这篇奏疏感动了，觉得陈献章不但学问高，而且孝义过人，准许他回乡养母，还封赠他一个不小的官职。

陈献章的母亲90岁时去世了。尽管母亲已经很长寿，但她的去世还是令陈献章痛不欲生。母亲去世几年后，72岁的陈献章也追随母亲而去。

陈献章死后，朝廷为了表彰他在学术和教育上的贡献，下诏为他建造家祠，还让他"从祀孔庙"。陈献章是几千年来岭南地区唯一"从祀孔庙"的人，他的成就，足以告慰母亲在天之灵了。

知识点一

陈献章对自己发明的茅龙笔爱不释手，给它取了个外号叫"茅君"，还写了很多关于"茅君"的诗句，如"茅君颇用事，入手称神工""共契茅君理""笔下横斜醉始多，茅龙飞出右军窝""束茅十丈扫罗浮，高榜飞云海若愁""茅锋万茎秃"等。

知识点二

"从祀孔庙"又叫"配享孔庙"，意思是把某位已故人物的牌位放在孔庙里，和孔子一起受世人祭拜和供奉。

历史上只有对儒学作出杰出贡献的学者，死后才有可能被当朝君主安排"从祀孔庙"。因此，古代文臣把能够"从祀孔庙"视为一生中最大的殊荣。

瓦氏夫人

年近六旬抗倭兵

瓦氏夫人，原姓岑，是广西壮族人。她文武双全、有勇有谋，一生驰骋沙场英勇杀敌，只为保家乡安定、百姓平安。

在中国的民间传说故事中，有许多家喻户晓的女战士：花木兰、樊梨花、穆桂英……但她们都是小说杜撰的人物。即使是真有其人的佘太君，她"百岁挂帅出征"的故事也是虚构的。不过，中国历史上却真的出过一位年过半百而带兵打胜仗的女将军，她就是壮族抗倭女英雄瓦氏夫人。

58岁，请缨出征

在明朝的广西归顺州（今广西靖西），有一位土司叫岑璋，女儿叫岑花，他们是壮族人。按照当年的壮族习俗，土司的家庭之间经常通婚，所以岑璋把女儿岑花嫁给了广西田州（今广西百色）的一位土司，叫岑猛。

由于夫妻俩都姓岑，为了避开夫姓，岑花就把名改作姓，而壮族语"花"字读音和"瓦"相似，所以大家称她"瓦氏夫人"。

当年，瓦氏夫人的丈夫和儿子在混乱的政局中先后被杀。瓦氏夫人强忍悲痛，一边用心抚养孙子岑芝，一边处理田州的诸多事务，发展农业、兴办教育，稳定田州的政局，让人民安居乐业。

二十多年过去，在瓦氏夫人的悉心栽培下，岑芝成长为能征善战的名将，瓦氏夫人很欣慰。然而好景不长，在瓦氏夫人55岁这年，孙子岑芝在海南战死。这对瓦氏夫人而言犹如晴天霹雳。

和岑家一样多灾多难的，还有朝廷。也正是在这些年，明朝开始面对倭寇入侵的威胁，朝廷多次派兵征讨都无济于事。总督东南军务的兵部尚书张经听说广西岑家英勇，于是奏请皇帝，征调岑家率军出征，抵抗倭寇。

这可就难倒瓦氏夫人了：该让谁带兵出征呢？孙子岑芝是岑家最能打的，已经战死了；而岑芝的儿子岑大寿、岑大禄都只有几岁；岑家能上战场的，也就只有瓦氏夫人自己了。但她已经58岁了呀！

瓦氏夫人思量再三，对朝廷传旨的钦差说道："就由老身亲自出战吧！"

"万万不可！"钦差大为吃惊，"老夫人您已经年近花甲了，岂能以身犯险？万一有个闪失，那可如何是好？还是请年轻一辈出战吧。"

"大人有所不知，我们岑家门庭凋零，眼下只剩我能上战场了。多年来，朝廷对岑家恩重如山，我们理应报国尽忠。请大人不必担心，我这副老骨头还能打！"

于是，瓦氏夫人组织田州和附近各州的狼兵（广西乡兵的名称）一共6800多人，浩浩荡荡奔赴江浙战场。临行前，她向狼兵们高呼："要是不把倭寇消灭干净，我们也不活着回家！"

到底是拥有什么法宝，让瓦氏夫人这么自信呢？

武艺高强，治军有方

瓦氏夫人的底气，首先来源于她自身高超的武艺。她擅长双刀，刀法炉火纯青。在抗倭期间，她大方地向士兵传授武艺，有一位江湖人称"天都侠少"的项元池，还慕名前来军中拜瓦氏夫人为师。多年以后，项元池的弟子从师父口中听说了瓦氏夫人杀敌的英姿，一时心潮澎湃，写下了《双刀歌》，赞美瓦氏夫人刀法的精妙："女将亲战挥双刀，成团雪片初圆月……"

当然，战场上单靠主帅善战，是远远不够的，更重要的是军纪和战术。

瓦氏夫人治军严明，她要求士兵不许骚扰百姓、不许奸淫掳掠、不许马踏禾田、不许违犯军令。她还暗中向百姓打听，只要发现自己的士兵有欺压百姓的行为，就要严惩。她的士兵驻金山卫一个多月，秋毫无犯，深得当地民众爱戴。

瓦氏夫人又精通兵法，调度有方。她安排狼兵每七个人为一组，作战时，每个小组要相互照应——四人负责用枪刺敌人，另外三人负责掩护战友，并在敌人倒地后割下首级。任何一人被敌军缠住，同组的其他人都要马上夹击敌军，营救战友；任何一组被敌军纠缠住，其他组也要马上营救。作战结束后，每组按敌人首级数量论功行赏，同组的七人平分功劳。这样的团队作战方法，既能避免战友之间为了争抢敌人首级而产生矛盾，也能有效对付习惯各自为战的倭寇。

为了培养狼兵的团队意识，瓦氏夫人还发明了一种"同步练兵法"。她让人特制一种长木鞋，多人一组，穿着这双长木鞋练习赛跑。赛跑时必须团结一心、默契配合，只要有一人分心，跑得慢了一步或者快了一步，其他人也会跟着摔倒。这种别具一格的训练方式，使得狼兵在战场上能聚精会神、团结一致。

对狼兵的生活起居，瓦氏夫人也照料周到。由于粮饷有限，瓦氏夫人经常组织狼兵在没有战事的时候上山打猎，改善大家的伙食。狼兵对瓦氏夫人犹如亲母一般敬重，军队凝聚力很强。

这样一支上下齐心、充满战斗力的部队，到底战绩如何呢？

花瓦家，能杀倭

瓦氏夫人带着狼兵队伍刚来到江浙，就立即参加盛墩之战。狼兵配合官军作战，一箭射死了倭寇头领，倭寇失去指挥，狼兵乘势冲杀，斩杀倭寇300余人。瓦氏夫人与倭寇的第一次较量就旗开得胜，当地人非常振奋，把盛墩改名叫"胜墩"，用来纪念这次胜利。

之后，瓦氏夫人受命防守金山卫城。这下，瓦氏夫人可算见证了明军这群"猪队友"是如何一次次打败仗的。

这一天，倭寇8000人突破金山卫，打到了嘉兴。俞大猷不敢直接迎击，等倭寇过去以后，他才和瓦氏夫人带兵偷袭倭寇后方，结果却被倭寇反攻，杀伤许多人马。俞大猷先败逃，幸好武艺高强的瓦氏夫人截住了追击的倭寇，才避免了全军覆没。三月底，又有两三千倭寇围攻金山卫城，广西都司白泫率兵出击，被倭寇前后夹击，这次又是瓦氏夫人拼死相救，保住了白泫的性命。

瓦氏夫人每次都奋不顾身保护明军，但明军又是怎么对她的呢？

有一次，总兵俞大猷派瓦氏夫人带领狼兵出哨探敌，结果中了倭寇的埋伏，狼兵的头目钟富、黄维等14人战死，损兵大半，瓦氏夫人也被倭寇重重围困。她披发舞刀，往来冲突。她所骑的马，尾巴毛几乎被倭寇扯得精光，成了一匹"无尾马"。但瓦氏夫人硬是凭着过人的勇武和意志力，最终骑着"无尾马"突围而出。回到营帐里，她斜眼看着明朝的官兵，冷笑了一声："好将官！你们可真是好将官！"原来，瓦氏夫人被困时，正瞧见一队明朝官兵赶到，但明军惧怕倭寇凶悍，只停在远处眼睁睁看着瓦氏夫人力敌倭寇，却不敢近前来帮她解围，瓦氏夫人这才气得讽刺他们"好将官"。

尽管明军吃了几场败仗，但瓦氏夫人的勇猛也惊动了倭寇。之后，瓦氏夫人根据战场形势和倭寇的战术，帮助明军及时调整了作战部署，明军开始扭转局面，取得了战场上的优势。

在王江泾（今浙江嘉兴），瓦氏夫人杀得倭寇四散逃命，被斩首和溺死的倭寇有4000余人。这是征倭以来的第一次大胜利，扭转了东南抗倭战局。

在瓦氏夫人的出色指挥下，狼兵在战场上士气高昂，越战越勇。之后倭寇在金山卫又被狼兵击溃，死伤累累。在陆泾坝（今江苏苏州）战役中，瓦氏夫人率领狼兵又杀敌300余人，烧毁海盗船只30余艘，令倭寇闻风丧胆。

三战三胜的瓦氏夫人被朝廷封为"二品夫人"，江浙人民尊称她为"石柱女将军"。直到现在，当地还流传着"花瓦家，能杀倭"的歌谣。

知识点一

岭南即五岭以南，"五岭"是指越城岭、都庞岭、萌渚岭、骑田岭、大庾岭这五座山。

岭南的人口以汉族为主，但也有少数民族，比如本文的主人公岑花（瓦氏夫人）就是壮族人。在元、明、清时期，朝廷不派官员管理这些少数民族聚居区，而是任命当地部族首领担任地方官，称为"土司"，可以世袭。

不过，不要把"土司"和"吐司"混淆哦。"吐司"是英文"toast"的普通话音译，粤语则翻译成"多士"，指的是一种面包。

知识点二

壮族后人效仿瓦氏夫人的"同步练兵法"，发展出一种"板鞋竞速"运动，在田野、广场里进行游戏。

"板鞋竞速"的板鞋是长100厘米、宽9厘米的木板一双，等距离钉制有3双脚带。比赛时3人一组，脚穿板鞋，双手扶前者肩部或腰部，听裁判发令出发并开始计时，比赛者按比赛竞速时间排列名次，奖励优胜。

今天，"板鞋竞速"已经成为壮族体育比赛的项目之一，还列入了全国少数民族传统体育运动会的正式比赛项目。

袁崇焕

孤勇者蒙千古冤

袁崇焕，字元素，号自如，广东东莞人。他戎马一生，南征北战，为明朝的国土安定立下汗马功劳。

袁崇焕是明朝著名的军事将领，为明朝抵御后金入侵立下了不朽的战功，尤其是生平第一战就以"孤勇者"之姿守住宁远城，千古留名。但他最终含冤而死，据说在他被凌迟处死后，百姓抢着买他的肉来食。这到底是怎么一回事呢？

"我一人可守山海关"

明朝末年，女真族在东北崛起，建立了名叫"大金"的政权，史称"后金"。后金军队在大汗（hán）努尔哈赤的带领下，与辽东地区的明军展开正面的军事冲突。自此，明朝和后金进行了多年的对抗，直到明朝覆灭。正是在这个背景下，东莞人袁崇焕开始了他保卫大明王朝的一生。

袁崇焕年轻有为，35岁就考中了进士，紧接着又当上了知县。喜讯接二连三地到来，这位新科进士、新任知县却高兴不起来。因为就在他中进士那一年，明军在萨尔浒战场惨败给后金军；之后，后金军又攻陷了辽东军事重镇沈阳、辽阳。个人前途在国家命运面前，变得微不足道。

袁崇焕对战况忧心忡忡，他意识到朝廷急需军事人才，从此，他经常和退伍的老兵研究军事形势，对辽东战场的了解越来越深。

1622年，朝廷破格提拔袁崇焕到兵部任职。就在这段时间，明朝军队继续打败仗，眼看山海关快要守不住了。袁崇焕得知后，竟单人匹马到关外勘察地形。回来之后，袁崇焕向皇帝报告："只要给我足够的兵马钱粮，我一人就可守山海关。"皇帝和满朝文武听见这样的豪言壮语，都被袁崇焕的勇气和魄力所折服。于是朝廷任命袁崇焕为监军，派他到关外协助辽东经略（辽东的最高统帅）王在晋防御山海关。

　　就这样，文官出身的袁崇焕临危受命，开始了他期盼已久的戎马生涯。大明王朝的最后一颗将星，正在冉冉升起。

"我誓与宁远共存亡"

　　袁崇焕到关外后不久，就和他的上级王在晋产生了矛盾。王在晋认为，山海关外的大片土地铁定是守不住了，不如一心一意退守山海关。而袁崇焕却认为，退守山海关的想法太保守，缺乏长远的战略眼光。

　　"王大人，"袁崇焕极力劝说道，"我们在山海关外有大片土地和不少城池，还有无数难民，不能轻易放弃呀！不如在山海关外200里的宁远（今辽宁兴城）筑城，更靠近敌人，进可攻退可守。"但王在晋不同意。袁崇焕作为下级，争辩不过，于是越级上报朝廷。

最后，朝廷赞同袁崇焕的观点，罢免了王在晋的职务，又采纳袁崇焕的建议，用一年时间筑起了坚固的宁远城，搭建起赫赫有名的"关宁（山海关—宁远）防线"。正是这道关宁防线，在此后二十年间基本稳定了辽东战局。这充分印证了袁崇焕的战略眼光。

正当袁崇焕准备兴兵收复失地之际，宦官魏忠贤和他的阉党控制了昏庸的天启皇帝，他们向皇帝进谗言，撤走了关外的所有兵马，把袁崇焕丢在了宁远。袁崇焕悲愤欲绝，斩钉截铁地表示："我誓与宁远共存亡！"广阔的山海关外，剩下"孤勇者"袁崇焕带着1万官兵，守着宁远这一座孤城。

但袁崇焕还藏着一件"秘密武器"。

后金方面得知宁远只剩袁崇焕孤军坚守，认为再次南征的时机已到。1626年正月，努尔哈赤亲率13万大军直取宁远，后金军在宁远城郊安营扎寨，一场大战一触即发。

这天，努尔哈赤在营帐里部署完毕，刚准备下令攻城，忽听帐外一声巨响，他走出营帐，只见烟尘漫天，满地躺着后金的士兵，死的死，伤的伤，地上一片狼藉。努尔哈赤一抬头，赫然发现宁远城上排列着几个庞然大物，这正是袁崇焕的秘密武器——由葡萄牙制造的红夷大炮！这是朝廷早年从澳门购入的，袁崇焕专门将这些大炮运来宁远城迎敌。努尔哈赤见识了大炮的威力，下令暂时收兵回营，次日再攻城。

之后两天，后金军全力攻城，明军继续开炮反击。袁崇焕负伤仍带头冲锋，死战到底。最终，后金军在巨炮的攻击下溃不成军，努尔哈赤只得下令退军。这场生死决战，以明朝的胜利告终，史称"宁远大捷"。

宁远大捷是明朝与后金鏖战辽东多年以来取得的第一次大胜，极大振奋了明军士气。军事新手袁崇焕，在完全孤立无援的情况下，竟奇迹般地战胜了老谋深算、如日中天的努尔哈赤。努尔哈赤在战后不久就病死了，后金的汗位由他的儿子皇太极继承。袁崇焕即将迎来新的对手。

"你有应斩十二罪！"

后金的新首领皇太极继位后，急于为父报仇，再次发兵攻打明军，但再次被袁崇焕击退。袁崇焕自用兵以来，先后击败敌军两代首领，取得了辉煌的两连胜。

然而，以魏忠贤为首的阉党却将胜利的功劳据为己有，打压袁崇焕。袁崇焕心灰意懒，辞官回到家乡。

但事情又一次出现转机。就在袁崇焕归乡途中，天启皇帝驾崩，17岁的崇祯皇帝继位。年轻的崇祯皇帝对魏忠贤深恶痛绝，他设计除掉了魏忠贤，并重新起用袁崇焕，让他负责对后金作战的一切军务。袁崇焕又回到了他熟悉的战场。

袁崇焕重新上任后，做的头一件事，就是除掉一个对他抗金事业有重大障碍的人。这个人，便是皮岛总兵毛文龙。

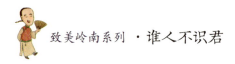

皮岛是位于鸭绿江口的一个岛屿，位置特殊，正好在后金的大后方。"岛主"毛文龙不时带兵袭扰后金，起到了牵制后金的效果。不过，由于皮岛远离京城，毛文龙在岛上不受节制，以各种理由向朝廷要钱要粮，这是袁崇焕无法接受的。他希望整合辽东的一切资源和力量为他所用，像毛文龙这种不服管束、还耗费巨额钱粮的人，会极大妨害他对后金的作战部署，不得不除。

要除掉毛文龙并不容易，必须用计。袁崇焕以阅兵为由，约毛文龙在皮岛西面的双岛会面，准备借机解决掉毛文龙。

袁崇焕到达双岛后，一连几天和毛文龙一起巡查海岛、犒赏士卒，到晚上就和毛文龙的手下们喝酒吃肉、谈笑风生，毛文龙完全没察觉出不对劲。这天，袁崇焕决定下手了。他邀请毛文龙在军帐前欣赏射箭比赛，比赛结束后，袁崇焕又挽着毛文龙进军帐里喝酒。而毛文龙的手下被袁崇焕的副将支开了，军帐里只剩袁崇焕和毛文龙两人。

酒过三巡，袁崇焕看毛文龙已有几分醉意，忽然大喝一声："拿下！"只见军帐外的兵将一拥而入，擒住毛文龙，脱去他的冠服，将他五花大绑起来。这些兵将正是袁崇焕提前安排埋伏在营帐外的。

毛文龙哪里来得及反抗，当场吓得酒醒了，大叫："文龙何罪之有？"

袁崇焕厉声斥责道："你谎报战功，侵吞军粮，欺君犯上，还说无罪？"

毛文龙急忙辩驳："我身为将军，你没有圣旨，怎敢擅自杀我？"

袁崇焕正色道："你有应斩十二罪！怎么杀不得？"于是当场宣读毛文龙十二条大罪。毛文龙听完，才明白这是一场部署已久的"鸿门宴"，悔之不迭。袁崇焕命令手下将毛文龙在帐前斩首，再奏报崇祯皇帝。皇帝虽然不满袁崇焕先斩后奏的举动，无奈刚刚才起用他，只好顺水推舟，夸他杀得好。

但他哪里料到，诛杀毛文龙一事，最终却成了导致自己含冤被杀的"罪状"之一。

"忠魂依旧守辽东"

此时的皇太极得知袁崇焕"重出江湖"，为攻打明朝他不得不另辟蹊径。他先用一年时间征服了蒙古的察哈尔部，然后绕道蒙古，攻破长城最薄弱的关口，长驱直入，一直到达北京城郊，直逼京师。

袁崇焕对这一计早有预料，为此，他曾两次提醒皇帝设重兵把守蒙古与内地的关口，以防后金军队偷袭，可皇帝都当作耳边风。如今袁崇焕只得赶忙率兵入关，连同其他赶到京师勤王的各路明军，与后金军在北京城下展开了连番激战。袁崇焕本人横刀跃马，往来冲突，被箭射得如刺猬一般，幸好因为身穿重甲才没被射穿，最终艰难击退了后金军。

袁崇焕让大明王朝再次逃过一劫，但崇祯皇帝用来报答这位恩

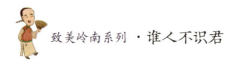

人的，并不是什么高官厚赐，而是嗜血的刀。

原来，就在袁崇焕与后金军激战期间，一位被金兵俘虏的太监从金营逃回，向崇祯皇帝密告，他在后金大营听到士兵私下议论，说袁崇焕和皇太极已经订下密约，要出卖大明，放后金军入关。这个消息有如晴天霹雳，把崇祯皇帝惊得半天说不出话，他无论如何也想不通，自己无比信任的袁崇焕为何处心积虑地背叛大明。

崇祯皇帝哪里知道，这个情报完全是假的！两个后金士兵的谈话是皇太极预先布置的，正是这一招"反间计"，直接把袁崇焕推向了万劫不复的深渊。

愤怒的皇帝急召袁崇焕进宫，待袁崇焕匆忙赶到紫禁城之后，皇帝立即下令逮捕袁崇焕，罪名包括纵敌入关、通敌谋叛、擅自杀害毛文龙等。袁崇焕被捕后，将士一片惊惶，彻夜啼哭。满朝忠臣为袁崇焕上奏鸣冤，但迷失心智的崇祯皇帝完全听不进去。

崇祯三年（1630）八月，忠肝义胆的一代名将、蓟辽督师袁崇焕被凌迟处死，家人被流放。抄没袁家时，人们发现他家里的钱财少得可怜，更加感慨他的清廉。相传袁崇焕临刑前写下一首绝命诗：

一生事业总成空，半世功名在梦中。

死后不愁无勇将，忠魂依旧守辽东。

袁崇焕到死依然担忧着辽东的安危，实在可歌可泣。讽刺的是，袁崇焕死后，当时的百姓竟然对官方的说法信以为真，痛恨袁崇焕通敌卖国，对袁崇焕骂不绝口。自己拼尽生命在保护的人，最终却对自己恨之入骨，真是可悲可叹。

知识点一

大汗，又称可汗、合罕、汗王，简称汗，是中国古代北方游牧民族政体首领的称谓。这个称呼最早出现于3世纪鲜卑部落，被用于称呼鲜卑部落的酋长。

知识点二

阉党，一般指明朝依附于宦官权势的官僚所结成的政治派别。宦官是中国古代专供皇帝及其家族差遣的一种官员，由于他们在入宫前需要被阉割生殖器，因此也被称为"阉人"，阉党由此得名。

明朝开国皇帝朱元璋有感于历史上宦官专权的严重危害，曾下诏严禁宦官干政。但永历皇帝朱棣继位后，反而开始重用宦官，用来制衡大臣，由此埋下明代阉党专政的祸根。后来的几任皇帝分别宠信王振、汪直、刘瑾等宦官，阉党势力不断巩固。天启皇帝年间，大宦官魏忠贤弄权，称为"九千九百岁"，当时世人"只知有忠贤，而不知有皇上"，一大批朝廷官员依附其权势，阉党势力达到历代顶峰。崇祯皇帝即位后，打击惩治阉党，治魏忠贤十大罪，魏忠贤被迫自杀。

屈大均

妙趣广东在笔尖

　　屈大均，名绍隆，字介子，广东番禺人。屈大均自幼勤学，能文能诗，著有多篇诗作，与陈恭尹、梁佩兰并称"岭南三大家"。

你知道鲩鱼哪个部位最鲜美吗？"雷公"你一定听过，可你听过"吃雷公"吗？没有网络的年代，人们是怎样了解世界的呢？岭南文化大家屈大均将带着他写的"广东百科全书"——《广东新语》，全方位满足你的好奇心。

《广东新语》流芳今古

1676年，46岁的屈大均，从桂林回到老家番禺沙亭乡。前半辈子为了反清复明大业东奔西跑的他，终于疲惫了。他决心不再过问政事，从此安心春种秋收、专注学问。而他也终于有了闲暇时间，去实现他多年来的一个心愿。

大家知道，当年没有飞机、高铁、汽车，多数人一辈子没去过几个地方。因此，当年屈大均游历大江南北时，常有北方的朋友问起他广东的环境物产、文化习俗，他总是怀着对家乡的情怀，热情解答。

有一回，有朋友向他提议："大均，你对广东的风物如数家珍，还经常给别人讲解，干脆你写一本书，让全国各地都能深入了解广东，岂不美哉？"

"好主意！不过有人已经写了《广东通志》，我要写点新东西！既然如此，我的书名就叫《广东新语》！"这个念头，在屈大均心里埋下了种子。

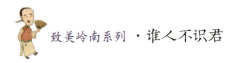

如今，当初的那颗种子生了根，发了芽。事不宜迟，屈大均马上着手搜集资料。

每天清晨，他要么是穿上芒鞋布衫，游走于巷陌闾阎、山河胜迹，不放过一丝一毫的岭南特色；要么就坐在书斋里，临窗静读，在故纸堆中查阅有关岭南的记录。等资料搜集得差不多了，他开始从早到晚伏案写作《广东新语》，只与窗外几竿修竹为伴。

经过多年的反复修改，《广东新语》总算大功告成。书中的内容包罗万象，从天文地理、名胜古迹，到文化风俗、家居生活，应有尽有，全面反映了明末清初广东的概貌，被誉为"广东百科全书"。三百多年后，我们依然能从屈大均的文字中，与他一同领略"云游"广东的乐趣。

足迹处处　情意绵绵

旅程的起点，自然是屈大均的家乡广州。他在广州生活了大半辈子，对这里的一切都有着深厚的感情。

自屈大均童年时起，家乡的木棉花就一直陪伴他成长。每到木棉绽放的季节，他总会在木棉树下驻足良久，深情凝视，并曾写下"花开红比朝霞鲜""红烧朵朵芙蓉砂"等艳丽诗句。

在屈大均55岁这一年，清政府在广州口岸招募了十三家行商，指定他们与洋商进行贸易，号称"十三行"。自此，广州口岸车水马龙、繁华富裕，洋商往来不绝。"五丝八丝广缎好，银钱堆满十三行。"屈大均写下这句诗时，内心是何等自豪。

而最触动乡情的，则是过年的时光。每年除夕夜，屈大均都会自制香喷喷的煎堆，与家人邻里分甘同味，他也将此写进《广东新语》之中："广州之俗，岁终以烈火爆开糯谷，名曰炮谷，以为煎堆心馅。煎堆者，以糯粉为大小圆，入油煎之……"

离开家乡广州，他来到广东最南部的"雷州半岛"。屈大均最初在地图上发现这个名字时，就充满好奇。等他到了雷州半岛，才明白这个地名的由来——他在这里每天都能听到打雷声，曾被吓得不轻。于是，他在《广东新语》里记载，"雷州无日不雷"，分为"冬雷""旧雷""新雷""阴雷""阳雷"等。雷州还有很多东西让屈大均印象深刻。比如这里有很多老虎和鹿，还有一种尾巴很大、嘴巴很长的狗，最有趣的是一种叫"雷公马"的蛇，当地人吃这种蛇，被北方人调侃"吃雷公"。

屈大均虽然没有吃过"雷公马"，但他在旅途中吃的东西可一点也不少，是个不折不扣的大吃货。《广东新语》也堪称一部"舌尖上的岭南"。

广东各地的佳果之中，最让他回味的是增城荔枝。书中写道："若荔支，则以增城为贵族。"增城有数十种荔枝，每一种都让他垂涎三尺，其中最让他爱不释手的一种叫"挂绿"："爽脆如梨，浆液不见，去壳怀之，三日不变。"

出生于沿海地区的屈大均，也特别懂吃鱼。鲩鱼、鲤鱼、鲢鱼等，屈大均都吃了个遍，他认为鲩鱼最鲜美的是头部，鲤鱼是尾部，鲢鱼是腹部。有一次，屈大均认识了一位来自粤西的朋友。屈大均谈起广州鱼生的做法，他的朋友听完后说："你们这种做法叫'鱼脍'，我们粤西做的鱼生叫'鱼鲊'，我夫人就很擅长制作鱼鲊，甘酸适度，保管你回味无穷。"屈大均听完，迫不及待地央求朋友带他去尝了当地的鱼鲊。

屈大均不但爱吃鱼、懂吃鱼，还时常亲自捕鱼，并且把捕鱼的技巧都写进书里了："其肪在鳞，鳞不可使烂，烂则脂流而味损，盖鲋亦自惜其鳞，每一丝胃鳞，即不复动。故取之必以丝网，使柔弱而不伤鳞。"

赏山悦水之余，屈大均依然关心着国家和人民。他在书中写了一篇《贪吏》，还介绍了石门的"贪泉"和黄岭的"廉泉"，借此讽刺贪官污吏。屈大均也厌恶某些官员好大喜功的行径。他在书中提及当年广东曾经有西湖和兰湖、粤洲和药洲，后来因为城市建设，这二湖、二洲都不复存在了。书中哀叹道，广东如今灭失的，哪里只有这二湖二洲呢？这明显是在批评某些当政者为了政绩，在市政建设过程中不顾自然规律，肆意破坏生态环境。

理性爱国　取人之长

《广东新语》不只是本土风物的"百科全书"，还是早期人们向外观察大千世界的窗口。

早在屈大均出生前的半个世纪，明朝嘉靖年间（1522—1566），中国大地上已经出现第一块被西方殖民者租占的土地。那不是别处，正是屈大均家乡的"邻居"——澳门。尽管当时澳门的主权依然属于明朝，葡萄牙人需要向明朝交纳租金，远不如几百年后的晚清政府向列强割让土地那般屈辱，但这已经引起一些有识之士的警惕，其中也包括屈大均。他写过几首诗，揭露殖民者的侵略野心，其中两句是：

广东诸舶口，最是澳门雄。

外国频挑衅，西洋久伏戎。

屈大均认为，在广东的众多口岸中，澳门的地位最突出，而葡萄牙殖民者多年来一直伺机挑衅，虎视眈眈。又有另一句：

一日番商据，千年汉将劳。

在他看来，尽管目前在澳门定居的只是一些洋商，但这已经给国防带来隐患，中国将士日后可能会奔劳于战火之中。

屈大均并非空谈，他曾亲自跑到澳门去调研，深入了解这座城市。

今天的澳门有个著名景点"大三巴牌坊"，正是当年由葡萄牙人修建的"圣保禄大教堂"的遗址。屈大均参观教堂时，教徒们正在奏唱圣诗，屈大均觉得伴奏的声音很特别，便好奇地问传教士："请问现在奏乐的是什么乐器？"

传教士用蹩脚的汉语告诉屈大均："这叫管风琴。"

"管风琴？"屈大均四处张望，"在哪儿呢？我怎么没见到？"

传教士哈哈一笑，指了指眼前一个掩着门的柜子："藏在那个柜子里呢，您当然看不见。"

看到屈大均满脸狐疑，传教士画了一张管风琴的示意图，指着图上的一排管子说道："瞧，这叫音管，有100多根，管风琴就靠它们来发音。"接着又逐一介绍了键盘、音栓、风箱等部件。

"我们的演奏者正是通过这个风箱装置将风鼓入管中，振动空气产生声音。"

"噢，真是奇妙的乐器！"屈大均恍然大悟。

尽管屈大均痛恨葡萄牙殖民者租占澳门，但他也知道，这些器物反映的正是西方领先的科技和生产力，必须介绍给中国人，拓展中国人的视野，才有机会让中国变得更加强大。于是，他赶紧取出随身的纸笔记下："寺有风乐，藏革柜中不可见，内排牙管百余，外按以囊，嘘吸微风入之，有声呜呜自柜出，音繁节促……"

教堂里还有很多不可思议的西洋物品，比如玻璃千人镜、望远镜、显微镜，还有贝多罗、丁香、鹦鹉、么凤、短狗等千奇百怪的动植物。屈大均逐一向传教士虚心请教。

回到书斋后，他把这些有趣的玩意儿逐一写入《广东新语》中，"有玻璨千人镜悬之，物物在镜中""有千里镜，见三十里外塔尖，铃索宛然""有显微镜，见花须之蛆，背负其子，子有三四"……

这些有趣的物品和动植物，你们听说过或者见过吗？

西宁县志　张屈共编

屈大均对岭南文化的贡献，远不止于编写一部《广东新语》。事实上，他还编写了《岭南诗纪》《广东文选》等许多著作，并在岭南各地不遗余力地支持文化建设事业，更结交了许多文坛好友，留下无数精彩的诗篇。其中最叫人津津乐道的，是他与西宁（今云浮郁南）知县张溶的情谊，以及他在西宁留下的文人佳话。

张溶是北方人，早就听说岭南才子屈大均的大名。这回张溶被任命为西宁知县，来到岭南，第一件事就是到番禺拜访屈大均，两人一见如故，书信往来不绝。后来，张溶在西宁建了一座亭子，邀请屈大均到西宁一游。

这日，一叶小舟缓缓行于文昌江上，舟中站着五六十岁、游侠打扮的屈大均，欣赏沿途两岸风光。每当河流绕着山脚转弯时，小舟前方的视野就会被山遮挡住，河水看上去像是被山截断了。屈大均抬眼看山，发现晨雾渐散，山上葱茏的林木也愈发清晰。"好山好水！"屈大均取出舟上备好的纸笔，写道：

　　水断频无路，山开渐有林。

屈大均搁下笔，再往外一看，此刻小舟已转过山的背面，从这边望去，山上春草碧绿，群山像是用绿色的染料浸染过一样，深吸一口气，还能闻到山花的醉人芳香。屈大均灵机一动，又挥笔写下：

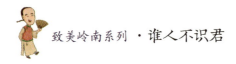

　　　　草色千峰染，林香万壑薰。

　　就这样，屈大均一路赏看、一路下笔，到达西宁城前，已写了满满几张纸。屈大均不由得感叹道："西宁真是个好地方啊！"说完，他又文思泉涌，写下了他会见张溶前的最后一首诗：

　　　　泷西山水县，喜有令君贤。

　　　　瀑布为膏泽，桃花引客船。

　　　　夷门公子礼，新语大夫篇。

　　　　定识相留处，行春白鹿边。

　　这首诗翻译成现代汉语是：泷水西面的西宁县有山有水，还有幸迎来张溶这样的贤明知县。我的船穿行于两岸的瀑布和桃花之间，我便能感受到他治理有方。张溶知县对我如此礼遇，邀我来做客，我的《广东新语》将在此写出新篇。世人便知我曾留驻此地，在这片白鹿闲行的山野里，消磨仲春的好时光。

　　诗写罢，船已靠泊在西宁城外的码头，屈大均上岸走到县署。已近黄昏，张溶在县署大门外热情迎接。

　　次日，张溶迫不及待地拉着屈大均参观新亭子，还请屈大均给亭子取名。屈大均站在亭中，阵阵清脆的鸟鸣声传来，还隐隐听到了远处的琴声。"就叫'山响亭'，如何？"张溶一听，连连称妙。

　　屈大均又建议张溶邀请全省的文人在亭子前举办唱和活动，张溶自然十分赞成。在文坛领袖屈大均的号召下，岭南诗人踊跃参加。

这次聚会过后，张溶开始着手修订西宁县的地方志。志书编成后，张溶的幕僚和友人都来道贺："恭喜张大人！此书必定能名垂西宁。"

"不，"张溶皱了皱眉，"我对此书还不满意。看来只有再把他请过来为此书把关，方可保证此书的质量。"

"张大人说的是……"

"当然是大均先生啊！"

就这样，屈大均应张溶的邀请，再次来到西宁，校订《西宁县志》。在给张溶帮忙的同时，屈大均也将他在西宁接触到的新鲜事物写入他的《广东新语》里，让《广东新语》更加丰富多彩。

容闳

留美幼童第一人

容闳，原名光照，号纯甫，广东香山南屏村（今珠海市南屏）人，出生在贫农家庭，凭实力成为我国第一个留学生，一生为国家发展尽心尽力。

在美国耶鲁大学图书馆的走廊里，有一尊中国人的立像，身着中式长衫，双手插袋，卷发齐耳，目光坚毅，气宇轩昂。这位中国人名叫容闳，是毕业于耶鲁大学第一位、也是全美国第一位中国留学生。

英国学校与美国老师

清朝道光年间的1828年，容闳出生在广东省香山县南屏村（今珠海南屏），和澳门只隔着一条几百公尺的海峡。澳门自从明朝被葡萄牙人租占后，开始对外通商，已经成为中国最重要的商贸港口。容闳的父亲觉得在家乡赚不到钱，就跑到对岸的澳门找了一份工作，维持家里的开销。

转眼容闳已经7岁（一说6岁）了，父亲想送他去上学。不过私塾的学费实在不便宜，他们家很难出得起。父亲突然想到一个主意，送儿子到管吃管住还不收费的澳门教会学校读书。

其实，父亲送小容闳去教会学校读书，不光因为它不收费，更因为在澳门打拼的这几年，他深刻地感受到中外通商的潮流不可逆转，中国早晚需要更多的外语人才。让儿子进入洋人学校，没准将来能有更大的前途。

就这样，年少的容闳开始了在澳门教会学校的读书生涯。

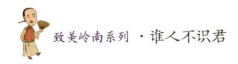

不过容闳的学业却经历了一波三折：先是1839年学校停办，容闳只得休学回家；没过多久，学校的创始人在澳门重新办了一所"马礼逊学校"，又把容闳找回去上学了；之后，学校又从澳门迁往香港，容闳也跟着到了香港。不管是在澳门还是在香港，容闳始终坚持刻苦学习。

马礼逊学校的校长叫布朗先生，是个美国人，彬彬有礼，为人乐观，很关心学生的成长，教学非常用心，讲课生动有趣、简洁易懂，同学们都很喜欢他。

在布朗的言传身教之下，同学们进步很快、眼界大开，除了熟悉中英文，还学习了世界各国的历史地理知识，掌握了算术、几何、生物学、化学等科学知识。这对在中国读私塾的同龄学生来说，简直无法想象。

耶鲁首位中国留学生

1847年，容闳做了他一生中称得上最重要的一次抉择。

这天，布朗先生上完课后，向学生们宣布："我最近因为身体不适，决定回美国休养，很遗憾不能继续在这里给大家上课了。不过我希望带几个学生一起去美国，接受更系统的现代教育，谁愿意跟我去？"全班同学面面相觑，没人敢举手。毕竟要一个不到20岁的青年独自跑到千里之外的异国他乡，在完全陌生的社会里去学习和生活，想想就觉得困难重重。

"老师，我想跟您去。"大家循声望去，正是容闳。在容闳的带动下，又有两位同学表示自己也愿意去美国。就这样，容闳辞别了依依不舍的家人，与另外两位同学一起跟随布朗先生，乘船远赴大洋彼岸的美国求学。

容闳到美国以后，先进入预科学校。在预科学校学习期间，容闳立志要考入全美最好的学校——耶鲁大学，布朗先生的母校。

不过，想要继续读大学，还需要很大一笔钱，而布朗先生为容闳申请的经费，只够读完预科学校。正当容闳犯难之际，布朗先生建议容闳去申请助学金，这是学校专门为穷苦学生设立的。申请助学金只有一个条件，就是要签一封志愿书，保证大学毕业回到祖国后当一名传教士。

这看起来是个不错的建议，不过容闳却拒绝了。

"布朗先生，我非常感激您对我一而再、再而三的帮助，但我有不能接受这个建议的原因。"

"为什么呢？"布朗先生问，"你既然信了基督教，成为传教士不是顺理成章吗？"

"我虽然是基督教徒，也感激传教士们为中国带去了许多先进的事物，但是我更希望将来毕业回国后，用我在美国学到的知识，为中国人谋福利。要是成为传教士，我就必须遵守许多职业规矩，无法全心全意地建设祖国。"

"但你现在急需这笔资金。你可以先承诺成为传教士，将来回

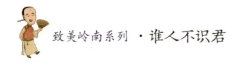

到祖国，再从其他方面建设祖国啊。"

"布朗先生，您教导我们要有责任感，要尊重自己的职业。要是我答应成为传教士，却不把主要精力放在布道上，那我就违反了志愿书上的誓言。我不想成为一个不诚实的人。"

布朗先生被容闳的真诚打动了。他找到几位在美国公益组织任职的朋友，谈起了容闳的情况，他的朋友们很欣赏容闳的才华和志向，答应资助容闳。

容闳果然争气，最终顺利考入了耶鲁大学，成为耶鲁大学历史上第一位中国留学生。

决心回国改造旧世界

入学不久，容闳就在给友人的信中写道："大学生活对我来说是新鲜的，同学们都精神振奋。我从来没有受过如此激励。我非常喜欢这样的学术氛围，太具感染力了！"

然而，大学生涯也不总是快乐的。容闳的烦恼，主要来源于两方面。首先，他太穷了，公益组织只能资助他读书，生活费还得自己赚。平时除了读书上课以外，容闳还兼任宿舍管理员、兄弟会图书管理员来挣钱，根本没时间玩游戏和运动，有几回都因为缺少休息而生病了。另一个烦恼，是乡愁。家人在国内，让他日夜思念。而且作为学校里唯一的中国人，他的孤独感也比别人更强烈。

不过，对真理和知识的渴望，让容闳克服了种种困难，成为学校里最出色的学生之一。最让人吃惊的是，他曾两次获得学校英语竞赛一等奖。作为一个华人，能够赢过许多以英语为母语的同学，这是多么的不容易。

除了勤奋学习，容闳也经常关注美国社会公共领域的事情。这片土地并不完美，却是鲜活的、开放的，他和同学们能够畅所欲言地谈论这里的一切。相比之下，旧中国的大清王朝却是如此专制、老迈、僵化。最使他忧心不已的是，当时中国人对外部世界茫然无知，依然以为中国是世界中心，盲目排外。"要改变中国落后的面貌，必须从改变人们的思想观念做起。我有幸来到这里接受文明的教育，但我不能只顾自己进步，得想办法让其他中国人也看看外面的世界，这样，中国才能复兴，民族才有希望。"容闳暗暗立志。

1854年，容闳以优异的成绩从耶鲁大学毕业，获得文学学士学位，是第一个获此文凭的华人。但怀揣着救国理想的容闳，毅然拒绝了高薪的工作，放弃了美国的优越生活，在这年秋天乘船离开纽约，回到了阔别多年的祖国。他暗下决心，要用自己所学的新知识，改造这个旧世界。

开天辟地的留学计划

容闳刚刚回国时，他身边的人都不理解耶鲁大学文凭的意义，就连他的母亲也是一样。

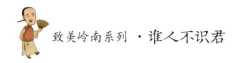

"你拿着这文凭和学位，能得多少奖金啊？"容闳的母亲问道。

"妈，大学的学习，不是为了拿奖金的，而是为了造就高尚的品格，这比金钱珍贵得多。我是第一位毕业于耶鲁大学的中国留学生，而您，就是全中国第一位留学生的母亲，这样的荣誉是无价的。"

尽管不被理解，容闳依然义无反顾地开始实践他的救国理想。他先后在广州美国公使馆、香港高等审判庭、上海海关等部门任职，又帮助朝廷采购西洋先进武器，增强国防力量。

当然，容闳没有忘记自己在美国读书时立下的宏愿——让更多孩童走出国门。容闳一次又一次向朝廷重要官员提出他的"幼童赴美留学计划"，终于获得朝廷的批准。

1872年夏，容闳率第一批三十位幼童赴美留学。在美国，这些幼童看见了另一个世界，一个比他们原先所见要广阔得多的世界。他们剪去了辫子，参加各种运动，还有人当上了美国棒球队队长。他们的成绩也丝毫不逊色于美国学生，让美国人刮目相看。

可惜，这场"中国幼童留美运动"受到越来越多的争议，许多顽固派官员认为，美国的社会习惯过于开放，伤风败俗，此外中国留学生的观念和行为不断西化，会动摇清政府统治的根基。最终，清政府决定腰斩幼童赴美计划。1881年，正在美国读书的中国幼童被强令回国，中断了学业。但令容闳宽慰的是，这些他带出去的孩子没有让他失望，不少人回国后成长为各行各业的顶尖人才，给中国带来了全新的气象，这其中也包括本书即将介绍到的"中国铁路之父"詹天佑。

清政府撤回留美幼童的举动，再加上后来多次建议清政府实行社会革新的尝试均告失败，让容闳对这个腐朽政权彻底失望。容闳晚年侨居美国，于1912年在美国逝世。但容闳的美国朋友特韦契尔牧师，却给出了对容闳一语中的的评价："他从头到脚，每根神经都是爱国的。"

知多点

教会学校是指基督教（包括天主教和新教）教会所设立的学校。鸦片战争以后，西方国家的基督教会开始陆续在中国设立大学、中学、小学。

由于教会学校的兴办和殖民侵略活动同步发生，部分教会学校难免会介入到中国各级地方的行政、法律或文化事务中，成为侵略活动的帮凶，激化了社会冲突。但总体而言，教会学校实实在在为中国培养了大批优秀人才，在介绍和引进西方先进科学方面也发挥了积极作用。可以说，教会学校是中国近代教育的重要组成部分，在中国走向现代化的进程中功不可没。

张弼士

葡萄美酒在中华

张振勋，字弼士，号肇燮，广东大埔人。他出生在贫寒家庭，远渡重洋到国外谋生，靠自己的勤奋与才智，成为商界一代传奇。

你知道中国第一家葡萄酒厂是谁创办的吗？中国第一个登上国外杂志封面的企业家又是谁呢？这些问题的答案，都指向同一个人，他就是广东大埔的客家人、"中国葡萄酒之父"张弼士。此人却出身于贫寒的农村家庭，放过牛、干过苦工。那他又是凭什么"逆袭"成功，走上人生巅峰的呢？

从放牛娃到南洋首富

张弼士小时候家里很穷，父亲是个秀才，平时靠着在私塾教书、给左邻右舍看病勉强维持生计，还要抚养四个孩子，常常入不敷出。张弼士读了三年私塾，就因为交不起学费辍学了，只能帮父亲耕田、帮姐夫放牛，再给竹篾工人打打下手，给家里挣几个钱。

张弼士做梦都想摆脱这种穷日子，他经常唱一首山歌：

满山树子笔笔直，莫笑穷人无饭食；

慢得几年天地转，饭炊端出任你食。

唱这首歌谣与其说是告诫别人，不如说是自勉。张弼士总期待着过几年"天地转"（时来运转），能够吃上好饭好菜。

理想很美满，现实却很残酷。张弼士15岁这一年，家乡遭遇了灾荒，他们一家到了穷途末路的境地。张弼士意识到，父亲的教

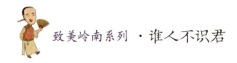

书活再也支撑不住家里的生活了，自己必须赚更多的钱，养活一家人。

"爹，我想去南洋，听说那边更容易赚钱。我要养活自己，运气好的话还能多赚点钱寄回家里。"

父亲虽然舍不得，但也别无他法。于是，张弼士叩别父亲，一步三回头地慢慢走远，父亲含泪挥手送别，直到儿子消失在视线中。后来，父亲逢人便说："我儿子将来要是在外面发财了，肯定不会忘了自己的家乡和祖国。"

来到荷属东印度（今印度尼西亚）的张弼士，人生地不熟，好不容易才在一家米行找到工作。他干活利索、为人踏实，老板很欣赏他。

一天，老板问张弼士："你为何不在家乡找工作，却大老远跑来南洋？"

张弼士回答道："大丈夫就算没法求取功名、光宗耀祖，也要外出闯荡、建立事业，为祖国增光，哪能一直困在小小的县城里呢？"

老板一听，觉得张弼士年纪轻轻就有大志，跟自己年轻时的想法一样，于是更加赏识张弼士，还把女儿许配给了他。后来张弼士的老板兼岳父不幸病逝，张弼士作为女婿继承了家业。从此，张弼士的事业蒸蒸日上，除了经营岳父留下的米行，还开始经营酒业。当时东南亚汇聚了英国、法国、荷兰、西班牙的洋人，建了不少娱乐场所，有大量的洋酒需求，张弼士便从欧洲进口洋酒，转手卖给洋人，进一步积累了财富。

之后，张弼士又先后创办了农业企业、采矿公司、药行，生意越做越大，资产总量约达8000万两白银，比清朝每年的税收还高，成了南洋华人的首富。

为造福同胞身体力行

晚清的中国，国家贫弱，民生凋敝，因此华人在国外难免会遭到歧视，哪怕是华人首富张弼士也不例外。

有一次，张弼士与同事和一位德籍医生，打算从荷属东印度启程乘船前往新加坡。他们在购买德国轮船的头等舱票时，售票员却表示，头等舱票只能卖给德籍医生，张弼士等人只能买普通舱票。张弼士一怒之下把船票撕得粉碎，怒斥道："华人不能坐头等舱，这是什么道理？中华民族不可欺辱！"

为了雪耻，张弼士联系了其他华商，自己开了轮船公司，和德国轮船走一样的航线，设备和服务都和德国公司的一样，但票价却减半，而且唯独拒绝德国人乘坐。这件事不仅让受尽歧视的东南亚华侨扬眉吐气，还让德国的班轮公司损失许多客人，最后德国的班轮公司不得不取消歧视华人的规定。

除了为民族争尊严以外，张弼士还给中华同胞提供实实在在的福利。他将自己的公司交给华侨管理，还高薪招聘大量华人劳工。他的公司取名都叫裕和、裕兴、裕昌之类，"裕"是"昌盛"，寄

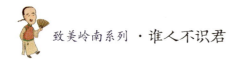

托了这位华侨领军人物深切的爱国之情。

这完全印证了他父亲对他的预言："他要是在外面发财了，肯定不会忘了自己的家乡和祖国。"

随着张弼士的生意越来越大、名声越来越响，荷属东印度政府多次邀请他进入官府任职，张弼士都婉言谢绝了。朋友觉得奇怪："要是能进官府，对你的生意不是更有帮助吗？"

张弼士回答说："吾生为华人，当为中华民族效力。"

当为国效力的机会出现时，张弼士绝对不会放过。

这一年，清政府驻英公使龚照瑗奉命考察欧美富国之道，他特意拜访了张弼士。龚照瑗向张弼士请教："西方国家如此富有强盛，到底有什么窍门？"

张弼士说："西方政府很清楚商业的重要性，制定了许多鼓励创业和营商的政策，营造了优质的市场环境。而且西方企业家知人善任，营商时遵守法律和契约，做生意很有秩序，很少出现恶性竞争和欺诈经营。"

龚照瑗听了，觉得张弼士确实很熟悉西方的商业运作模式。他又追问："那么张先生，您又是怎么致富的呢？"

张弼士笑答道："经商和行军打仗一样，要有因时而变的计谋、当机立断的勇气、仁爱宽容的境界。这就是我致富的法门。"

张弼士的话，让龚照瑗大为钦佩。他激动地拉着张弼士的手说："先生真是天下奇才呀！"接着，龚照瑗顿了一顿，问道："如今中国贫弱，先生何不回国？国家正需要您这样的人才啊。"

张弼士一听，马上说道："这正是我的理想！"

龚照瑗回国后，向朝廷举荐了张弼士。张弼士被朝廷任命为外交官，成为名副其实的"红顶商人"（有官职的商人），实业兴邦的梦想近在咫尺了。

国产葡萄酒名扬天下

张弼士的实业覆盖金融、基建、地产、船运、铁路、橡胶、矿业、农业、食品、纺织等多个领域，其中最为国人自豪的，是他所创办的张裕葡萄酿酒公司。

30岁那年，张弼士出席法国领事馆酒会，和一位法国领事聊天，对方无意中谈起在中国的往事："当时我们用烟台的葡萄自酿葡萄酒，酒质并不比法国酒差，我们便想，将来法国一定要让烟台成为法国的葡萄酒产区。"

张弼士听了，牢牢记在心中。他想，连盛产优质葡萄酒的法国都觊觎烟台，可想而知烟台的葡萄的确好。将来这块土地必须要由中国人自己开垦，酿造国产葡萄酒。这不仅是一门好生意，也是实业救国的好方法！

有些顶级好酒，存放越久越香醇。而张弼士的"酿酒梦"也一样，在心里一藏就是二十年，越来越炽热。

1891年，张弼士来到烟台，他日思夜想的机会终于出现了。在烟台，他认真考察了自然环境，发现当地气候和法国相似，土地肥沃，确实是种葡萄的好地方。于是，张弼士果断投资300万银圆，买了近千亩地，开辟五座葡萄园，建造大型酿酒厂、酒窖，于次年在烟台创办了张裕葡萄酿酒公司。

烟台的环境虽然适合葡萄酒的生产，但只有少数本地葡萄适合酿酒，这意味着，公司需要大量引进国外的葡萄苗。一开始运回国的几十万株葡萄只有少量存活，后来引进的另一款葡萄苗则生长缓慢。就这样，公司的技术人员反复尝试，经历了多次失败，总算通过嫁接葡萄藤的方式，提高了葡萄苗的存活率。此时距离投资建公司已经过去十一年。

有了好的葡萄，还需要有好的酿酒师。公司聘请的第一位酿酒师入职途中意外去世，第二位酿酒师只是徒有虚名，技术不过关。为此，张弼士大费周章，花了好几年才物色到一批理想的国外酿酒师。

万事俱备，张弼士正式申请注册商标，并陆续出产了多款酒。张裕葡萄酒一推出市场，就风行全国。

1915年，在巴拿马太平洋万国商品博览会上，所有人的目光都聚集在一个人身上，他就是张裕葡萄酿酒公司的创办人张弼士。公司在博览会上展出了精心挑选的四款国产美酒——可雅白兰地、红玫瑰葡萄酒、琼瑶浆和雷司令白葡萄酒，一举荣获四枚甲等大奖章和最优等奖状，中国酒业从此走向世界舞台！

在颁奖典礼上，张弼士留下了一句动人的话："唐人是了不起的，只要发愤图强，后来居上，祖家的产品都要成为世界名牌。"

　　东洋、西洋、北洋、南洋，是明清至民国时期常用的地理概念，都是中国对沿海及周边地区的称呼。"东洋"指日本，"西洋"泛指欧美国家，"北洋"指中国北方沿海地区，"南洋"指中国南方沿海地区。"北洋通商大臣""南洋通商大臣"就是清末主管中国北方和南方沿海通商事务的官职。另外，"南洋"还指东南亚国家，文中张弼士到达的"荷属东印度"，就属于南洋。

郑观应

商战魔法建奇功

郑观应，字正翔，号陶斋，广东香山（今中山市）人，少年时便奉父命前往上海学商，既是优秀的商人，亦勤于著述，留有《盛世危言》等名作。

在19世纪末的中国，一本叫《盛世危言》的奇书毫不留情地指出当时的中国早已全面落后于西方的事实，更是破天荒地提出"习兵战不如习商战"的观点。到底是什么人，胆敢戳穿盛世假象，在一百多年前就提出了这么激进的危言？他的商战理论，到底是纸上谈兵，还是有真才实学？

复活奄奄一息的轮船招商局

1881年，不惑之年的郑观应站在人生的十字路口上，面临艰难的抉择。

这几年，他都在英资企业"太古轮船公司"工作，不过他和公司的合同即将期满，而清政府对他予以厚望，邀请他到上海轮船招商局任职。

一边是祖国的企业轮船招商局。尽管他一直主张商业救国，也盼望着能够为祖国的经济发展贡献力量，但他也深知中国企业有着许多官僚主义作风，和外资企业的经营水平有着很大差距。

另一边是老东家太古轮船公司。这家公司制度完善，大家守规矩，讲效率，会用人。而且，公司对他极力挽留，甚至承诺在他退休后给他一大笔养老金。这是多么让人难以抗拒的优厚条件啊！

最终，救国理想战胜了个人得失，郑观应离开了太古轮船公司，加入了轮船招商局，准备利用自己丰富的航务经验，在中国航运界大干一番。

然而，郑观应的新东家，却是个彻头彻尾的烫手山芋！此时的轮船招商局，正在和两家外国轮船公司开展激烈的商业竞争，一家是怡和轮船公司（以下简称怡和），另一家就是他的老东家太古轮船公司（以下简称太古）。两家公司大减价，把招商局的客人都抢走了，招商局眼看就要陷入危机了。摆在郑观应面前的，是一个巨大的难题。

不过，郑观应并不慌张。他敏锐地看出，怡和与太古的降价战术虽然打击了招商局，但他们自己也损失不少，因为船票价格压得这么低，根本赚不到钱。他们之所以采用这种"杀敌一千自损八百"的狠招，无非是想搞垮招商局，独占市场。

该如何让怡和与太古放弃降价战呢？郑观应思考了半天，计上心头。他联系了两家公司进行谈判。

谈判桌上，三方代表屏息凝神，空气中弥漫着紧张的气息。

"郑先生，"怡和的代表首先发话，"您今天约我们前来，敢问有何指教？"

"两位先生，我就开门见山了——我希望你们停止降价战。你们这一招，固然抢走了我们很多客人，但你们的利润也很低。这是恶性竞争，我们之间没有胜利者，都是失败者。"

"郑先生，你说我们在这场竞争里都是失败者，恐怕未必。据我所知，你们招商局的损失比我们严重得多，你找我们谈判有什么筹码吗？"太古的谈判代表对郑观应的提议不以为然。他如此自信，不是没有道理的。事实上，太古的确有着雄厚的资金和实力，在价格战中占据上风。可惜他疏忽了一点：郑观应曾在这家公司工作，对太古的底细一清二楚。这场谈判，郑观应知己知彼，志在必得。

只见郑观应徐徐说道："你们两家敢打价格战，自然有你们的底气。你们的轮船装备比我们精良，经营管理方法也更先进，综合实力很强。"郑观应顿了一顿，接着说道，"但请不要忘了，我们有31艘船，而且是3万多吨的船。你们太古只有8艘，你们怡和只有6艘，在轮船数量和吨位上，我们招商局占绝对优势。你们想用降价战打垮我们，也没那么容易，最后只会两败俱伤。"

眼看郑观应有备而来，对每家公司的情况了如指掌，而且句句在理，对方的态度马上就软了下来："那郑先生有什么好建议？"

"我提议，我们三家签订一份'齐价合同'，今后就按统一的价格售卖船票。这样，你们能赚到更多的钱，而我们也能保住自己的客人。两位意下如何？"

两位代表对郑观应的谈判策略心悦诚服。于是，他们一改之前的不屑态度，开始认认真真地和郑观应谈判。

经过两年的漫长谈判，最终，三家公司签订了为期三年的齐价合同，之后，招商局很快摆脱困境，生意稳定下来。郑观应又制定了招商局十六条规章，整治内部的管理问题。原本奄奄一息、濒临死亡的招商局，就这么被郑观应神奇地"复活"了。

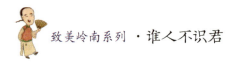

拯救苟延残喘的汉阳铁厂

1896年，湖北的汉阳铁厂负债累累。万般无奈之下，清政府再次邀请"商战魔法师"郑观应担任汉阳铁厂的总办，希望他能化腐朽为神奇。郑观应不仅爽快地答应了，还主动要求不领薪水。他不图名、不图利，一心只为挽救中国企业。

一到任，郑观应马上研究汉阳铁厂经营不善的原因。他发现主要有几个问题：

第一个问题是焦炭费用高。炼铁需要以焦炭作为燃料，汉阳铁厂每日需要焦炭200多吨，主要从广东开平购买，但开平距离汉阳铁厂比较远，每运一趟，光是包装费、工人劳务费这类杂费加起来，有时要花上十几二十两白银，这就导致铁厂的产品成本居高不下。为了降低焦炭的运输成本，郑观应派人在铁厂附近调研，最终在距离铁厂更近的江西萍乡，发现了适合铁厂使用的焦炭产地。

第二个问题，是汉阳铁厂的内部管理太差。汉阳铁厂雇了一位叫德培的德国人总管。郑观应担任总办后，就请德培盘点当月铁厂的开支、收入、产出，算一算铁厂当月是赚了还是赔了。哪知德培的回答让郑观应哭笑不得："汉阳铁厂规模这么大，每天的开支和收入渠道非常多，我哪能计算出来呢？"定期清点公司的账目，这是任何一家公司的基本要求，而作为总管的德培却一问三不知，可见铁厂的内部管理是多么的一塌糊涂。于是，郑观应颁布了一系列厂规，对各项制度作出了具体的规定。铁厂里的每个员工，都必须履职尽责，再也不能随便糊弄。

第三个问题，是缺乏本国人才。钢铁冶炼技术最早是从西方引入中国，汉阳铁厂从国外买回来的设备，也只能请外籍工程师来操作或者提供指导。但由于中西文化差异，铁厂里的洋人和华人之间难免会发生摩擦。比如刚才提到的德国人德培，性格霸道，有一次和一位华人董事发生冲突，竟把对方推下台阶令其摔伤。另外，有一些洋人工程师工作责任心不强，常常消极怠工。对此，郑观应一方面解雇了德培，削减了洋人工程师的数量，对剩下的洋人采取更严格的管理措施，在雇用洋人时也更加注重考察对方的素质和经验；另一方面，他建议在铁厂内开设学堂，培养本国的技术人才。尽管这个愿望在郑观应担任总办期间未能实现，但在郑观应离任以后，铁厂最终采用了他的建议，兴办了汉阳铁厂第一所技术学堂。自此以后，中国的钢铁产业人才越来越多。

最后一个问题，是销路不够。汉阳铁厂所生产的钢铁，质量并不逊色于国外铁厂的产品，价格也差不多，但销路一直不好，中国的铁路公司为什么总是不肯购买这些国产钢铁呢？原来，当时中国的铁路公司也是官办企业，管理权在官员手中。而当时中国社会上有着严重的地域观念、党派观念，不同地方、不同派系的官员互相看不惯，其他地方的铁路公司宁可买外国铁厂的钢铁，也不愿意向汉阳铁厂买钢铁。"必须把这几家主要铁路公司的管理权也抓到自己手里，汉阳铁厂的钢铁销路才有保证！"在郑观应的建议和策划下，汉阳铁厂的负责人盛宣怀先后兼任了几家铁路公司的负责人，

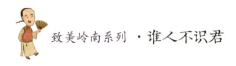

从此，铁厂和铁路成为一家人，铁厂再也不担心钢铁卖不出去了。

短短一年时间，"魔法师"再显神通，让汉阳铁厂起死回生了！

事实上，除了轮船招商局和汉阳铁厂，郑观应还曾经从事过矿务、电报、纺织等行业，也都创造过不少奇迹。这一个个商业奇迹，自然不是"瞎猫碰着死耗子"，而是来源于他对商业规律的深刻认识。他在《盛世危言》一书中提出的商战理论，以及他在商界的传奇经历，一直启发着许许多多的中国企业家、政治家和文化人。

邓世昌

海疆英魂永不灭

邓世昌，字正卿，精通英语，因品学兼优受到朝廷重用，在海战中英勇牺牲后被追授太子少保封号，谥号壮节。

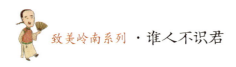

在广州市海珠区有一所邓世昌纪念小学，毗邻民族英雄邓世昌的故居。这所小学每年都会举办校内扫墓活动，以纪念在黄海大战中英勇殉国的邓世昌。无论是在今天还是在一百多年前，邓世昌都是标准的"富二代"。那么这位"富二代"又是因何走上令人动容的爱国之路，成为国人铭记的民族英雄的呢？

"富二代"学开船

1849年10月，邓世昌出生于广东番禺县龙导尾乡（今广州海珠区）。邓世昌的爸爸邓焕庄经营茶叶生意，在全国各地都开了茶庄。

在邓世昌出生的九年前，中华大地上刚刚爆发了鸦片战争，清政府惨败给英国，被迫开放了广州、福州、厦门、宁波、上海五个通商口岸，允许外国商人带着家人来居住和营商。自此，越来越多的洋人来到中国，和华人做生意，西方的现代思想观念也开始在中国传播。

邓焕庄逐渐看出来，中国自从被打开国门后，注定要融入世界，也必须学习国外先进的科技和文化。因此，邓焕庄每次去上海做生意，都会把小邓世昌带在身边，希望儿子增长见识，锻炼与洋人打交道的本领。不仅如此，等邓世昌读完小学后，邓焕庄还让他入读教会学校，跟洋人学习英文、数学，阅读外国书，少年邓世昌就这样不断开阔视野。

1866年，福州船政学堂成立。次年，为了招收足够的海军人才，学堂除了在福建本地招生之外，还特地在香港、广东招收会说英语的学生。18岁的邓世昌英文基础很好，他知道消息后，马上去见了父母。

"爹、娘，我想报考福州船政学堂学开船，你们说好不好？"

邓焕庄一听，心中暗喜。但他不露声色，继续问儿子："我原本还指望你能继承我的生意呢。你先说说，为什么要去学开船？若是说得有理，就让你去。"

邓世昌一本正经地回答道："爹，我们的国家太落后了，所以这些年才不断挨打。好在近几年朝廷开始引入洋人的科技，发展工商业，想要提升国力。这次朝廷在福州办船政学堂，应该是想为建立海军做准备。要是中国拥有一支强大的海军，将来就不会挨打了。这是个难得的机会，我也想为国出力。"

"好，不愧是邓家的好儿郎！我们都支持你！"

在父母的同意下，邓世昌顺利考入船政学堂，刻苦学习航海技术、天文地理，门门课都得优秀，被船政大臣称为"最伶俐的青年"。

等课堂知识学得差不多了，就该实践了。五年后，邓世昌和同学们迎来了盼望已久的实习机会。他们登上训练船，先后航行到厦门、香港、新加坡、槟榔屿等许多地方，历时四个月。去程由教师

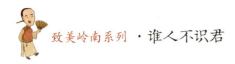

负责开船，学员们负责抄写航海日记、测量太阳和星座的位置、练习使用航海仪器；返航的路上，教师和学员们交换岗位，由学员们开船。邓世昌操着舵，深深爱上了这种乘风破浪的感觉。

1874年，邓世昌以优异成绩毕业，在他的面前，是广阔无垠的蓝色征途。

"半吊子"当舰长

虽然邓世昌才能出众，但军中的水兵却给他取了个外号"半吊子"。这个"半吊子"并不是说他业务不熟练，而是形容他独来独往，与众不同。

当年海军建立不久，军纪比较散漫，大部分军士都把家人带在身边，有些水兵还经常离开船上的岗位，上岸去吃喝玩乐、赌博看戏。唯独邓世昌不带家人，独自在军舰上居住，不喝酒、不赌博，一心一意治军练兵。邓世昌治军特别严格，对违反军规的水兵依规矩重罚，绝不留情。

此外，邓世昌在二十七年的军旅生涯中，仅仅回过三次家，最长的一次也只在家里待了七天。在船上只有他养的小狗"太阳"能给他排解孤独。

尽管这个"半吊子"独来独往，与众不同，但这并不妨碍他一展才能。

1875年，为了对抗日军侵扰，清政府任命邓世昌为"海东云"炮舰的舰长，镇守台湾。初次当舰长的邓世昌不负所望，没有给日军可乘之机。由于表现出色，他被封为千总，之后又被任命为"振威""扬武"等舰船的舰长。他总是把舰船管理得井井有条，深受大家赞誉。

过了几年，直隶总督兼北洋大臣李鸿章开始筹办北洋水师，他听说邓世昌是海军人才，特地把邓世昌调到北洋水师。北洋水师不断从英国、德国订购舰船，新船在国外建好以后，需要邓世昌等海军将领到国外接船。邓世昌借此机会游历了不少发达国家的工业城市，参观了许多港口、基地，见识了各种新式战舰，学习了更先进的军事技术和经验。

1887年，邓世昌再次出国接收四艘新战舰，等他接舰回国以后，就被任命为其中一艘新舰的舰长。

但邓世昌不会想到，"致远"舰将是他担任舰长的最后一艘战舰，也将是他人生的归宿。

黄海战酒热血

1894年，清政府和日本为了争夺对朝鲜半岛的控制权，爆发了甲午战争。

这一年从七月到九月，两军在朝鲜半岛和邻近海域打了几场

仗，清军由于战术落后、指挥不当等原因，死伤惨重，多艘战舰受损，日军成功占领朝鲜。

清政府不肯服输，决定继续向朝鲜增兵。北洋水师共18艘战船，护送着载有数千名清兵的运兵船，顺利到达了大连湾。9月17日，完成运兵使命的北洋舰队正在返航，却被日本联合舰队发现了，两军在黄海海域爆发了关键的主力决战。

战斗初期，北洋舰队占据上风，日本几艘战舰被击伤。但很快，北洋舰队弹药匮乏、武器落后、煤炭质量低劣、军舰保养不良等致命伤开始暴露出来，而日本战舰凭借航速和火力的优势，逐渐使北洋舰队陷入重围。

没多久，北洋舰队的旗舰"定远"舰的信号装置被日军击毁，北洋舰队失去指挥，乱作一团。邓世昌率领"致远"舰直冲敌阵，向日军开炮，日军的两艘战舰遭到重创，被迫撤出战斗，但"致远"舰自己也伤痕累累。

随着战斗的持续，"致远"舰损伤越来越重，弹洞难以堵住，眼看很快就要沉没了。这时，日本舰队的"吉野"舰从"致远"舰前掠过，邓世昌随即产生一个念头，他告诉副将陈金揆："目前敌军威胁最大的就是这艘'吉野'舰，只要将它撞沉，我军就有机会扭转战局。"

陈金揆听懂了，邓世昌这是要和敌人同归于尽！陈金揆稍做沉默，点点头，于是，邓世昌指挥"致远"舰，一边炮击，一边开足马力直冲"吉野"而去。

可惜邓世昌的意图很快被日军觉察出来了，几艘日本战舰同时向"致远"舰开火。"致远"舰在密集的炮击之下，自身携带的鱼雷被引爆，"嘭"的一声巨响，"致远"舰船头扎入水中，接着船尾翘起，螺旋桨浮出水面。几分钟后，"致远"舰完全沉没了，邓世昌和他的爱犬"太阳"也落入水中，海面上只留下一个巨大的漩涡。

眼看船上的兄弟死的死、伤的伤，邓世昌抱定了为国捐躯的决心。他拒绝了士兵给他抛来的救生圈，也不肯登上赶来救他的鱼雷艇。这时，他的爱犬"太阳"死死叼住了他的衣服，邓世昌抱住"太阳"，追随"致远"舰，一起沉入了大海。"致远"舰上的200多名官兵，除了7人获救外，其余全部壮烈殉国。

知多点

"致远"舰由英国阿姆斯特朗船厂制造，舰长76.2米，舷宽11.58米，排水量2300吨，主炮为3门210毫米克虏伯舰炮，航速达18.5节，是北洋水师中航速最快的舰船。

黄飞鸿

中国功夫威名扬

黄飞鸿，广东南海人。他出生于武术世家，自幼习武，是中华传统武术声名赫赫的传承人与发扬人。

中国武术宗师黄飞鸿无人不知无人不晓，他的生平多次被改编为文艺作品，广为流传。但当年黄飞鸿选择学武时，却曾遭到同为武术大家的父亲黄麟英的极力反对，这是为什么呢？

卖艺卖药父子兵

南少林洪拳第四代传人、"广东十虎"之一黄麟英，住在广东南海县西樵山岭下的禄舟村（今佛山南海）。他不仅武艺精湛，还精通医术和药理，特别擅长医治跌打损伤。

但俗话说"一分钱难倒英雄汉"，黄麟英家境贫寒，他的武艺和医术，都无法帮他名成利就。他只能每天到街上，一边卖艺，一边卖些治跌打损伤的膏药和药酒，勉强维持生计。

黄麟英等儿子黄飞鸿稍大些，外出卖艺时便把他带在身边。黄飞鸿坐在一旁，看着父亲耍着威风凛凛的虎拳、鹤拳，兴奋得手舞足蹈。日复一日，年复一年，黄飞鸿潜移默化地爱上了武术。但黄麟英打心底里不希望儿子走自己的老路，而是指望他有朝一日能考取功名，改变命运。于是，在黄飞鸿到了入学的年龄时，黄麟英就将自己多年攒下的微薄积蓄都拿出来，送他去上学。

但黄飞鸿不喜欢念书，他的兴趣和天赋始终在练武上。有好几

回，他趁老师不注意，从学堂溜出来，跑回父亲卖艺的地方，继续偷看父亲打拳。

有一回，黄飞鸿逃学被先生抓住并告诉了黄麒英。黄麒英生气地责备黄飞鸿："我辛苦赚钱，无非是希望你好好读书，将来当个官儿，光宗耀祖，也荫庇黄家的子子孙孙。你倒好，成天逃学偷懒，这不是辜负了我的一番心血吗？"

"爹，对不起。我明白您的苦心，可先生教的四书五经我一句都记不住，继续读下去也是浪费时间呀。"

"这……我们黄家，难道就注定出不了读书人吗？"黄麒英叹道。

"爹，我看也未必只有读书考科举才能出人头地啊。我可以跟您习武和学医，将来还能行侠仗义，一样是个顶天立地的大丈夫。"

一番话说得黄麒英哑口无言，他知道对孩子的教育强迫不来。从此，黄麒英不再逼黄飞鸿上学，他们成为"上阵父子兵"，一块到街头卖艺和卖药。回到家，黄麒英又将更多的武艺传授给黄飞鸿，黄飞鸿学武的天赋很高，很多招式一两遍就学会了，他的身手越来越矫健。

初生牛犊不畏虎

这天，黄飞鸿父子俩如常在街头卖艺卖药。忽然，观众一个接一个地走开了。黄飞鸿连忙打听，原来邻街有人设擂台比武，大家都看热闹去了。你知道摆擂台的是谁吗？原来是从外地来的武师郑大雄。黄飞鸿跟父亲商量："爹，要不让我去试一下？"

"臭小子，郑大雄是成名豪杰，他的一手钓鱼棍法威力很大，你可别瞎胡闹。"

"爹，您觉得我的四象标龙棍法还不行吗？"

"飞鸿，我知道这两年你的功夫进步了许多，但你又何必去惹事？"

"爹，我不是惹事，"黄飞鸿解释道，"擂台下那么多观众，我去打擂，不管胜败，都能让更多人认识我们黄家父子，今后会有更多人来看我们卖艺，买我们的药，我们的生意也会更好。"

"但拳脚无眼，还是太危险了。"黄麒英依然忧心忡忡。

"爹，您放心，那位郑师傅摆擂台也只是为了打出名堂，不会生死相搏，我也会保护好自己的。您就放心看着药摊吧，我去啦！"话未说完，便操起棍子，一溜烟跑了。

黄麒英看着黄飞鸿远去，虽然暗自担心，但是心里也有几分欣赏儿子的冲劲。于是他收了药摊，悄悄跟去擂台那边，想看看情况，必要时出手保护儿子。

擂台上，郑大雄刚打败一位上台挑战的拳师，眼见一位少年又跳上了台。

"小子，这不是你来的地方，快下去。"

黄飞鸿拱手说道："前辈，您摆下擂台，自然是人人都能上台

挑战。晚辈黄飞鸿，特来领教您的高招。"

台下的观众开始沸腾起来，有人为黄飞鸿的胆量振奋，有人嘲笑黄飞鸿不自量力。

郑大雄看黄飞鸿说得有模有样，不像是开玩笑，便应道："好少年，口出狂言，想必有两下子，郑某接受你的挑战！"

于是，两人作了个礼，便动起棍来。一开始，郑大雄顾忌对方年纪小，故意留了一手。黄飞鸿没打两下，便看出郑大雄让着自己，于是边打边说道："还请前辈使出全力，咱们公平比武。"

郑大雄一听，应了一句："好，小兄弟要注意了！"便不再留手，使出了真功夫。两人棍来棍往，上下翻飞，你攻我挡，越战越起劲，台下的人轮番喝彩，黄麒英在心里也为儿子叫好。

多个回合后，郑大雄显得体力不支，黄飞鸿趁势加快了速度。郑大雄稍不留神，被黄飞鸿猛地一棍自右后方向左前方扫出，正擦着小腿。郑大雄一个踉跄，退了两步。这下眼尖的观众都看得出来，郑大雄败了，台下的黄麒英也放下了心头大石。

黄飞鸿向郑大雄拱手道："前辈承让了。"郑大雄也大方认输："不敢，郑某技不如人，没想到南海卧虎藏龙，真是英雄出少年，后生可畏啊！"

那一天，大家都记住了这位少年英豪黄飞鸿。但最骄傲的，自然是望子成龙的黄麒英。

官拜"殿前大将军"

黄飞鸿成名之后，又结识了宋辉铛、林福成等几位武术高手，跟他们学会了无影脚、铁线拳、飞铊等绝技，黄飞鸿的实战水平更加高超。后来，黄飞鸿征得父亲同意，决定投身军旅，以武艺报效国家。

26岁时，黄飞鸿担任了广州水师的武术教练，还考取了广州将军衙门的"靖汛大旗手"。之后，黄飞鸿又被聘为军中技击教练。至此，黄飞鸿真正兑现了他向父亲许下的出人头地的诺言。

可惜天意弄人，黄麒英在这时染病去世，给黄飞鸿造成了很大的打击。黄飞鸿辞去了军队的官职，到广州开了一家名为宝芝林的跌打医馆，继承父亲的中医事业。当时有许多靠劳力为生的底层人民，经常在搬抬重物的过程中碰伤扭伤，而宝芝林有一道妙方，能活血散淤、消肿止痛，苦力工人深受其惠。

黄飞鸿为人慷慨善良，常常赠医施药，还无私地公开了他的跌打损伤药方，这样一来，其他医馆都能够配制这些药方，他们宝芝林医馆就做不成"独门生意"了，不过得益的是老百姓，因为他们随处都能得到有效的医治。从此，黄飞鸿济世为怀的美名也传开了。

宝芝林医馆还曾治好了一位特殊的病人——刘永福。

刘永福是民族英雄，他领导的黑旗军在中法战争中多次击退过

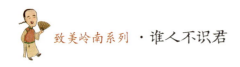

法军。1886年，刘永福在一次练兵中意外受伤，髋关节脱臼，肿痛难当，而且一直治不好，于是有人推荐他到宝芝林医馆看一看。没想到在黄飞鸿的治疗下，刘永福十天便痊愈了。

刘永福非常佩服黄飞鸿的医术。他亲自写信，请两广总督张之洞题写了一个"医艺精通"的牌匾，送给黄飞鸿。他还请黄飞鸿担任自己军队里的军医和技击总教习。

1894年，甲午中日战争爆发，黄飞鸿跟随刘永福的军队一起来到台湾，抗击日军。但清军最终惨败，清政府无奈签订了丧权辱国的《马关条约》，将台湾割让给日本。义愤填膺的台湾民众不愿意就这样接受日本统治，于是自立为"台湾民主国"，并推举巡抚唐景崧为总统，而黄飞鸿则被封为"殿前大将军"，临危受命，继续抗击日寇，为台湾作轰轰烈烈的最后一搏。

可惜天不遂人愿，黄飞鸿功夫再高，也敌不过坚船利炮，台湾迅速陷落，黄飞鸿只好离开台湾潜回广州，从此一心行医，悬壶济世。他的武艺、医术和传奇故事，在海内外广为流传。社会各界频频用自己的方式纪念他，比如写小说、拍电影等，而在佛山市禅城区则建有黄飞鸿纪念馆，将这位英雄的生平事迹悉数展出，用现代的技术手段铭刻一代武术宗师的侠骨仁心。

詹天佑

神州动脉任纵横

詹天佑,字眷诚,广东南海人,自幼对机器感兴趣,是耶鲁大学土木及铁路工程专业的毕业生,回国后为中国铁路建设作出了巨大贡献。

在今天，从国外学成归来的留学生比比皆是，而作为一百年前赴美求学的早期留学生之一，"中国铁路之父"詹天佑不仅学成归来，还办成了外国人办不成的事，他究竟是如何做到的呢？

博览会上开眼界

还记得容闳的故事吗？留学美国的知识分子容闳回到祖国后，努力说服清朝派遣更多孩子到美国留学，将先进的科技和文化知识带回祖国，这些孩子就包括来自广东南海（今广东广州）的11岁学生詹天佑。

詹天佑到了美国以后，在哈特福德读书。他读书这几年，正是美国大量修筑铁路的时候，足足修了1.6万公里的铁路。詹天佑时常在报纸上看到关于铁路工程的新闻报道，也亲眼见到过铁路工程，逐渐对铁路有了不一般的亲切感。

1876年，美国在费城举办了规模宏大的万国博览会，美国老师带着詹天佑和其他留学生从哈特福德乘车到费城参观。

博览会上，美国和其他欧洲发达国家纷纷展示工业、交通、科技方面的最新成果，当时全世界功率最大的600吨柯立斯蒸汽机、爱迪生发明的电报机、贝尔发明的电话机，还有各国的缝纫机、打字机、钟表、放映机等新产品，都在这届博览会上一一亮相，让参观者大开眼界。而最令"铁路迷"詹天佑感兴趣的，自然是展馆专门修建的一条4.8公里长的铁路，用新式的机车拖着列车循环行驶。

与此形成鲜明对照的，是世博会里的中国馆展出的都是诸如丝绸、茶叶、药材等农副产品，还有绸缎、牙雕、银器、玉器、瓷器、字画之类的传统手工艺品，并没有什么现代文明的产物。这让詹天佑意识到，中国的生产技术与世界先进国家存在巨大差距。

费城博览会对15岁的詹天佑造成了极大的震撼，他暗暗下了决心，要让祖国摆脱落后的局面："今后中国也要有自己的火车、轮船！"一年多后，詹天佑中学毕业，成功考入耶鲁大学，攻读铁路工程专业。

大学期间，詹天佑阅读了大量欧洲文学作品，还和美国同学一起游泳、滑冰、钓鱼、打球。他和几位中国留学生组建了一支中华棒球队，在耶鲁大学打出了名堂。在专业课程上，他同样毫不放松，成绩优异，以数学第一名毕了业。

外国人办不成的事，中国人能办成

然而这时，清政府听说许多留学生在美国待久了，学了洋人的"坏习惯"，不仅爱穿西服、讨厌穿长袍，甚至提出要剪掉辫子；在西方思想的影响下，他们还开始反感清政府的专制统治。实际上，这些都是思想走向现代文明的表现，但在清朝统治者眼中，却

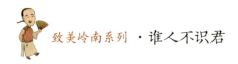

是对"天威"的冒犯。

于是，清政府下令全部留学生撤回中国，这对留学生无疑是致命打击。幸运的是，詹天佑当时已经获得了学位。他抱着满腔的热情和希望，要把自己学到的本领献给祖国。

在回国后的最初几年，朝廷还认识不到铁路的重要性，不愿意投入太多精力修建铁路，詹天佑铁路方面的才能根本没有用武之地。过了七八年，詹天佑才被推荐到天津"中国铁路公司"担任工程师，参与修筑塘沽到天津的铁路工程，他的专长终于有机会发挥了。詹天佑在工地夜以继日指挥施工，仅仅用八十天就完成了铺轨工程。

两年后，古冶至山海关铁路开始修建，其中难度最大的环节，是要在滦河上修建一座铁桥。一开始，铁路公司委托了技术最先进的英国工程师来承建滦河铁桥，结果在打桩环节失败了。后来又请了日本、德国工程师来处理，但依然没有成功。这下可就难倒铁路公司了，难道在滦河河床打桩真的是不可能完成的任务？这时，工程负责人想起之前一直表现出色的詹天佑。

"詹先生，现在工期紧急，几国工程师都失败了，您愿意试一下吗？"

詹天佑稍加思考，答复道："没问题，中国的铁路由中国人来建造，理所当然！"

詹天佑之所以第一时间答应，并不是盲目自信。原来，早在英、日、德工程师施工期间，詹天佑就已自行翻查了滦河的地质构造资料，并亲自到施工现场进行实地勘测。詹天佑发现，在滦河上打桩之所以难度大，是由于滦河的水太深，而且地质松软，打桩不牢固。后来，詹天佑又默默沿河考察，终于发现了更适合打桩的地点。

命运总是眷顾有准备的人，如今工程果然落到了詹天佑的手上。接过任务以后，詹天佑马上着手施工。尽管已经找到适合打桩的地点，但问题还没有完全解决。在水上建桥，按照传统的做法，都要先在建桥墩的地点搭个围挡，把围挡里的水用人工排出去，再建桥墩。但是滦河水流特别急，围挡很容易被冲垮。为此，经验丰富的詹天佑发明了"气压沉箱法"：把一个大箱沉到水底，从箱门往里注入空气，直到把箱里的水全部挤压出去，这样潜水员就能轻松地钻到沉箱里面去工作了，而水流也冲不走沉箱。

这种方法是首次尝试，詹天佑不敢大意，常常到现场监工，随时解决出现的问题。终于，新方法试验成功了，桥梁顺利完工。詹天佑因此声名鹊起。那些富有经验的外国工程师，开始佩服这位天才般的中国工程师。

京张铁路诞生

为了加速国内经济发展，清政府于1905年决定修建一条从北京通往张家口的铁路，称为"京张铁路"。

消息传出，英国和俄国都来争夺这条铁路的修筑权，以便进一步介入中国事务。而清政府为了摆脱英俄两国的控制，提出要由中

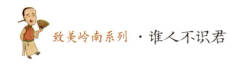

国人独立修筑。

英俄两国经过考虑，同意了清政府的要求。事实上，在英俄两国看来，落后的中国根本不可能单靠自己的力量修好铁路，早晚还是会求助于其中一国。一张外国报纸甚至讽刺说："建造这条铁路的中国工程师恐怕还未出世。"英俄看不起中国，不是没有原因的。当时的中国缺乏人才，还承担着各种对外赔款，国家经费严重不足，修路确实困难重重。

该派谁主持修路呢？正当朝廷为难之际，詹天佑挺身而出，请求担此重任。他向朝廷进言："中国地大物博，假如修一条铁路也要靠外人，实在可耻！"

于是，朝廷任命詹天佑为京张铁路总工程师，全权负责铁路修建。朝廷还给詹天佑提了三项要求：花钱少、质量好、完工早，自信的詹天佑一一答应了下来。

1905年9月，京张铁路正式开工。

施工的第一步，是选取合理的工程路线。詹天佑搜寻了大量的文字资料，还亲自访问沿线的居民。白天，他冒着严寒和风沙，背着标杆、经纬仪，带着助手们翻山越岭、测绘地形，晚上，他们借着油灯核对资料、绘图计算。为了加快工程进度，詹天佑索性把办公处搬到工地上，与施工队随时商讨工作。

一天傍晚，八达岭一带刮起猛烈的西北风，飞沙走石。测量队员为了尽快完成工作，匆匆忙忙测好数字填到记录本里，就从岩壁上爬下来。詹天佑接过记录本，边看边问："数据准确吗？"

"应该没错。"测量队员回答说。

詹天佑听罢，皱了皱眉头，说道："我们搞工程的，首要的就是精确，'差不多''应该'这种词不能出自我们之口。数字哪怕有一点差错，也可能导致将来铁路发生意外，那是要出人命的。"说完，詹天佑带着工程人员，迎着风沙，重新攀到岩壁上，又勘测了一遍。等他们下来时，已经冻得嘴唇发紫。

线路选好之后，就该开始施工了。他们施工时碰到最大困难的地方，是在八达岭、青龙桥一带。此处重峦叠嶂，铁路修到这里，只能打通山体，开凿隧道。如果按正常的挖掘方法，从一头挖到另一头，耗时太长。詹天佑经过仔细考虑，决定采取"分段施工法"：先安排一批工人，从山的南北两端同时对凿；同时安排另一批工人，在山的中段从上往下凿一口大井，直达隧道的深度，再向南北两端往外凿；最后和两端往里凿的人会合，隧道就凿好了。采用这种方法，可以加快工程进度，但是必须做到精确无误。为此，詹天佑总是亲自画线、定位，仔细检查每个开凿口的直径、距离和位置。

"分段施工法"示意图

凿洞时，大量的石块全靠人工一锹锹地挖，涌出的泉水要一担担地挑出来，身为总工程师的詹天佑毫无架子，与工人一同挖石挑水，满脸污泥。他还鼓舞大家说："京张铁路是我们用自己的人、自己的钱修建的第一条铁路，全世界的眼睛都在望着我们，必须成功！"

隧道的问题解决了，还有爬坡的难题。八达岭太陡了，火车要爬上这么陡的坡，既困难又危险。

为了解决这一难题，詹天佑机智地让火车先沿着一段不太陡的线路上山，开到青龙桥车站，接着车头变车尾、车尾变车头，驶出青龙桥车站，继续往山上开，下山则反过来行车。这样就降低了火车上下山的坡度，提高了火车行驶的安全系数。

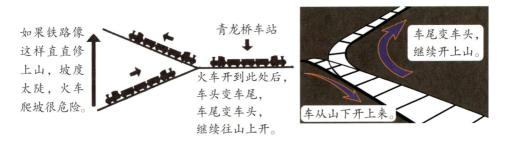

如果铁路像这样直直修上山，坡度太陡，火车爬坡很危险。

青龙桥车站

火车开到此处后，车头变车尾，车尾变车头，继续往山上开。

车尾变车头，继续开上山。

车从山下开上来。

这便是京张铁路著名的"人字形"设计。位于詹天佑出生成长之地（今广州永庆坊附近十二甫西均）的詹天佑纪念小学，还在校园内铺设了这一出色设计的缩小版铁路模型。

经过詹天佑和整个施工团队的不懈努力，京张铁路比原计划提前两年完工，工程费用只及外国人估价的五分之一。一些欧美工程师乘车参观后，不禁竖起大拇指，称赞詹天佑了不起。但詹天佑却谦虚地回答："这不是我个人的功劳，而是一万多位铁路工人的力量，光荣属于大家！"

从此，一条条雄伟修长的"大动脉"开始在神州旷野上纵横延伸，声声汽笛刺破长空，滚滚车轮在钢轨上轧轧交响，激荡出这个古老民族重焕新生的赞歌。

孙中山

革命意志不可摧

　　孙中山，名文，号逸仙（"日新"的粤语谐音），31岁在日本化名中山樵，中山的名号由此得来。他是近代中国伟大的爱国者和民主革命先行者。

　　不知道大家假期出外旅游时有没有发现，不管在哪一座城市，总有一条"中山路"，或者一个"中山公园"。毫无疑问，这些地名都是纪念革命伟人孙中山的。为什么他在后人心目中占有如此重要的地位呢？因为他用坚如磐石的革命意志、百折不挠的革命精神、屡败屡战的革命实践，引领中华民族冲破了旧观念的迷雾，让时人看到了中华文明的新希望。

旧家乡令人失望

　　"嘭！嘭！嘭！"

　　一阵突如其来的巨响，震彻了广东香山县（今广东中山）小小的翠亨村。这是水盗正在用器械撞击一栋住宅的响声。住宅的主人，是一位从美国回来的华侨。这伙水盗早就是通缉犯，但官府却怎么也抓不住他们。所以水盗们依然肆无忌惮地四处抢掠富人的财物。

　　撞击声震得村民们头晕目眩，不知所措；走在街上的行人被吓得到处乱窜；私塾里的师生原本正在上课，这下也忙着东躲西藏。

　　只有一人例外。

　　私塾里有一位少年，不仅没有躲藏，反而循声找到水盗进攻住宅的地方，远远地看着。住宅被打中之处，木片、石片到处飞溅，有些还飞到了少年的脑袋上，可少年眼神专注，毫不在意。没多久，攻墙器终于撞塌了宅门，水盗们一拥而上冲入住宅，主人不见踪影。于是，水盗们大摇大摆地将住宅里的全部财产逐一搬上船，大笑着开船沿村中小道离去。

少年赤手空拳，自然无法阻挡这一切的发生。

这时，一位脸色煞白、乱发蓬松的人走了出来，原来他就是住宅的主人，刚才只是为了保住性命躲起来。看着被洗劫一空的房子，主人一边哭，一边绝望地自言自语道："完了，完了。这么多年，我冒着生命危险，到美国打拼，辛苦攒下来这些钱，如今全被强盗抢走了。如果我留在洋人的地方，那里有政府和法律保护，何至如此？回到自己的祖国，反倒落得这种下场……"

老华侨绝望的声音，在孙中山心中激起了巨大的波澜。他陷入了沉思："为什么国外的法律能够保护他的财产？中国没有法律吗？如果有，为什么中国的法律不能保护老百姓的财产呢？"

让孙中山不解的，远不止这件事。

当年的中国人普遍认为女子脚小才好看，于是女孩子长到七八岁，就要被强行扭曲双脚，勒断脚趾骨，不让脚发育，这就叫"缠足"。

孙中山的姐姐孙妙茜（一说妹妹孙秋绮）自然也不能幸免。看到姐姐缠起双脚后疼得死去活来，不停哀号着，他忍不住求母亲："姐姐实在太痛苦了，请解开她的脚吧！"

"小孩子别多管闲事。"

"她是我姐姐，怎么算闲事？老师说，'身体发肤，受之父

母，不敢毁伤'。她的脚生下来好端端的，偏要弄成残废，这实在太残忍了。请您饶了她吧。"

"你不懂，家家女子都要缠足，大脚丫头将来嫁不出去的。"

"不嫁就不嫁，我只希望她快快乐乐的！而且她这样将来怎么走路呢？"

"她嫁人以后，就可以好好在家待着，不用走路了。"

"她是活人，应该去她想去的地方！"无奈，孙中山的抗争，终究没有改变姐姐被缠足的命运。

发生在家乡的种种不合理的事，让孙中山十分失望。他迫切地想到外面的世界去看看。

新世界种下志向

13岁那年，孙中山征得父亲同意，和母亲一起离开了广东香山县翠亨村这个出生地，前往夏威夷王国的首都檀香山，投奔他的哥哥孙眉。

在海浪中颠簸三周之后，孙中山与母亲终于到达檀香山，他从此踏上一生事业的起点。在孙中山眼中，檀香山建筑整齐、街道清洁，一切都生机勃勃。孙中山特别喜欢这里的邮局，那是一座有游廊和栏杆的西式建筑，他听说，只要在信封上写上某个人的名字和地址，再贴上一张邮票，投进信箱里，这封信就可以跟着船被送到中国去，而不必托人帮忙带回去，这可以说是孙中山对现代文明的初次体验。

然而，最打动孙中山的，是这里良好的社会秩序，以及健全的法律制度。这让他回忆起翠亨村那位被水盗劫掠的华侨的话，"如果我留在洋人的地方，那里有政府和法律保护，何至如此？"孙中山想通了：只有立法完善，并且从政府到民间都尊重法律，社会才会有良好的秩序。

到达檀香山不久，孙中山进入意奥拉尼学校读书。"意奥拉尼"在当地语言里是"天空飞鸟"之意，寓意着当地国王希望学校培养出出类拔萃的人才。孙中山很喜欢这个校名，他觉得自己正像一只飞鸟，从落后愚昧的旧世界，不远万里地飞到了这片文明的新世界。

在学校里，孙中山不仅很快学会读英文课本和用英文写作文，还逐步接触了西方的数学、自然科学、政治、经济、法律、社会等科目。

这些在当年先进的知识和观念，深深地烙印在这位东方古国少年的脑海之中，更坚定了他要变革祖国、解放同胞的念头。

大学毕业后，26岁的孙中山来到澳门镜湖医院当医生，成为澳门第一位华人西医。但孙中山认为，医术能救的人毕竟有限，要想拯救更多的人，就必须帮助国家建立更完善、更文明的制度。没多久，他弃医从政，改"医人"为"医国"，投身救国大业。

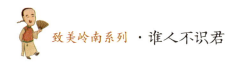

干革命不怕失败

救国事业不可能一帆风顺，事实上，孙中山遭遇过的失败可能比谁都多。

一开始，他认为清政府的重臣李鸿章是一位具有新思想的人物，于是他上书李鸿章，建议清政府引入西方的制度，改革中国。然而李鸿章出于各种现实考虑，并没有采纳孙中山的意见，孙中山政治生涯的第一步就这样失败了。

别人不干，那就自己干。于是，孙中山开始着手创办革命团体，目的是推翻清政府，改变中国在专制皇权下的恶政治。

1894年，孙中山在檀香山建立兴中会，第二年三月，兴中会的成员约定在10月26日发动武装起义，占领广州，希望借此激起全国范围的起义，让清政府倒台。按照计划，孙中山在广州领导军事行动，杨衢云在香港招兵买马，其他成员各负其责。

这半年里，孙中山奔走于广东和香港两地，买来了600支短枪，并联络了各地有志之士，一起参与起义。

1895年10月25日晚，各路人马齐聚广州、整装待发。万事俱备，偏偏香港突击队没到。正当大家心急如焚之际，孙中山接到杨衢云的电报说，香港突击队和部分枪支弹药无法如期到达广州，需要晚两天。

这下大家可慌了神。如果延迟两天再起义，事情很可能败露。怎么办呢？大家商量后，决定取消这次起义，遣散各部人马，再择机起义。但当他们通知杨衢云时，一切都晚了，香港突击队已经出发了。

结果由于行程暴露，起义计划败露，清政府开始四处抓捕兴中会的成员。孙中山被迫逃亡海外，而孙中山的几位战友则不幸被捕，受尽酷刑而惨死。

孙中山领导的首次起义还没开始就失败了，之前筹集的革命资金全部打了水漂，连战友也失去了，还差点儿把自己的生命也搭进去。孙中山为自己的年轻缺乏经验付出了惨痛的代价。然而孙中山并未因此而气馁，他马上平复心情，为下次的起义准备募款。

孙中山屡战屡败却越挫越勇的精神，来源于他心中坚定不移的革命救国信念。曾有一回，有人跟孙中山说，自己打算在山东起义，一切准备就绪，就差一笔钱。孙中山二话不说，把身上仅有的1200元给他。后来朋友知道了那人不过是个骗子，便抱怨孙中山轻信人，孙中山却笑道："你有所不知。革命不怕被骗，不怕失败，一百件革命事业只要有一件成功了，革命就能胜利。"

抱着这样的信念，他和革命党人又先后组织了多次起义，包括三洲田起义、七女湖起义、镇南关起义、马笃山起义、河口起义、黄花岗起义等。可惜的是，这些起义，要么寡不敌众，要么指挥不当，通通失败了。

革命党元气大伤，越来越多革命党人意气消沉，黯然退出。不过，这其中并不包括孙中山。尽管多次失败也让孙中山情绪低落，但他看出了失败背后的意义："起义虽然失败，但对世界各国的影响很大，海内外的同胞，都因此振奋了斗志。"

皇天不负有心人，连孙中山也没有料到的是，仅仅在黄花岗起义失败几个月后，武昌起义意外爆发了，而且一举成功。"一百件革命事业只要有一件成功了，革命就能胜利。"孙中山这句话果然应验了。

这时的孙中山还身在美国。他从报纸上看到武昌已被革命党占领的消息后，欣喜若狂，恨不能第一时间乘船回国。可他冷静一想，革命党之后还需要大量经费。于是，他先在美国各地演讲筹款，又辗转英、法等国募捐，最后才返回中国。

孙中山回到上海这天，革命支持者迫不及待地问他："听说先生带了巨款来上海支持革命军，是真的吗？"

孙中山听了，笑着回答道："革命不在金钱，而全在热心。我这次回国，没有带金钱，带回来的只有精神！"

这当然是孙中山的风趣。事实上，他确实为革命军带回了一笔经费。但他没有说错，革命要取胜，金钱还在其次，革命精神才是必不可少的。

1911年底，十七省代表会议举行投票，要为即将诞生的中华民国选举临时大总统。所有革命党人都很清楚，武昌起义虽然不是孙中山领导的，但它得以成功，和孙中山多年来对革命工作不屈不挠的坚持是分不开的。

最终，孙中山众望所归，高票当选。这个曾经被人嘲讽为"广州湾之一海贼"的中年人，如今已翻身成为当之无愧的中国革命领袖。

　　黄花岗起义，是革命党人1911年4月在广州举行的起义。

　　1910年11月，孙中山、黄兴等革命党人决定在广州发动起义，由黄兴担任总指挥。1911年4月27日，黄兴率起义军直扑两广总督署，总督张鸣岐逃走。起义军焚毁总督署后，在东辕门外与朝廷派来镇压起义的北洋军浴血奋战，最终寡不敌众。

　　起义失败后，黄兴负伤撤回香港，86名革命志士牺牲，其中72人的遗体安葬于广州红花岗，此地后来改名为黄花岗，所以这次起义又被称为黄花岗起义。

梁启超

健笔犹胜十万兵

梁启超，字卓如，号任公，又号饮冰室主人，广东新会人。他为近代中国的转型与发展尽了毕生之力，留给后世著作等身，共1400余万字。

一百年前，世上最强的武器是什么？是坦克？火炮？还是化学武器？

假如你去问当时的中国人，也许会听到异口同声的答案，那就是梁启超手中的一支笔，用这支笔写出来的文章可值20万大洋呢！

举人反拜秀才为师

出生于广东新会茶坑村的梁启超，从小天赋异禀，当其他孩子还在玩闹时，他已经能够读懂四书五经了。到八九岁时，梁启超已经写得一手文采飞扬的漂亮文章，和成年人相比毫不逊色。

12岁时，梁启超在乡里考上秀才，还是考生里的第一名，他也因此成了乡里的名人。过了四年，梁启超又考中了举人，这相当于一只脚踏进了官场，前途不可限量。大家都夸他是"神童"。

不过，梁启超真正的人生转折，是在17岁的时候。

这一天，梁启超的同学陈千秋兴奋地跑来告诉他："梁兄，最近我老家南海（今广东佛山）出了一位奇人，叫康有为。听说他见识不凡，而且为人狂傲，自称"南海圣人"。这两天他刚从北京回来，要不咱们一起去拜见他，听听他对国事的看法？"

听了陈千秋的话，梁启超对此人充满好奇。于是，他俩一起见了康有为。

一见面，梁启超就被康有为的气势震慑住了。康有为气场极大，他滔滔不绝、引经据典，从王阳明的心学，谈到英国人如何治理香港。三人从白天谈到傍晚，梁启超越听越着迷。康有为所介绍的知识，许多都是梁启超从没接触过，甚至根本想象不到的。

回家之后，梁启超躺在床上翻来覆去睡不着，他原有的认知就像一座积木，一日之内被康有为推得东倒西歪，一个新的世界仿佛正在向他招手。第二天，他再次去拜访康有为。

"康先生，我希望跟随您学习！"

"这怎么行？"康有为推辞道，"我虽然比您大十几岁，但我只是一个秀才，而您是堂堂举人，我怎么当得了您的老师？"

"康先生，我昨天听了您的指导，才意识到自己以前所学的，只能用来应付考试，根本不是有用的学问。先生您有真才实学，希望您不嫌弃，收我为弟子。"

就这样，梁启超正式拜入康有为门下。举人拜秀才为师，成了千古奇谈，这也说明了梁启超的虚心好学。

上书！办报！教学！变法！

1895年，清政府因为在甲午战争战败，被迫与日本签订《马关条约》，割让台湾、澎湖列岛。消息传到北京，朝野震动。当时正值全国各地的举人进京赶考之际，他们刚考完试就听到了这个消息，群情激愤。包括康有为、梁启超在内的全国一千多位举人，起草了万言书，准备联名上书光绪皇帝，反对签订不平等条约，同时要求改革，史称"公车上书"。可惜这篇万言书最终没能送到光绪皇帝的手中。

"公车上书"失败后，梁启超依旧没有放弃改变中国的梦想。既然向皇帝进言这条路走不通，那就向普通民众做宣传。

笔，是梁启超最强大的武器。梁启超和几位朋友一同创办了《时务报》，两年时间里，梁启超在《时务报》发表了多篇文章，凭借其极富感染力的文笔，受到全国读者的追捧。许多同时代的人都感叹，梁启超的文字有如疾风骤雨，让人读得畅快淋漓，真是"一支笔胜过十万雄兵"。

后来，梁启超又担任了湖南时务学堂的老师。梁启超讲课和他写文章有着同样的热情，他每日讲课四个小时，入夜后还不眠不休地为学生批改作业，有时光是批语就上万字，比学生的作业字数还多出好几倍。他相信，讲台下这群稚嫩的面孔中，必定蕴含着改变中国的力量。梁启超没有猜错，其中的一位学生蔡锷，日后便成了和他并肩作战的将军。

1897年，德国出兵强占中国胶州湾。面对国家主权和利益的进一步受损，许多知识分子都坐不住了，纷纷请求光绪皇帝实行改革，以免国家继续衰败下去。光绪皇帝觉得有道理，于是在第二年颁布诏书，下令实施改革，并委托康有为、梁启超、谭嗣同等人负责改革事务。

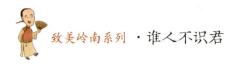

这场改革的主要内容包括：创办新式企业，修铁路、开矿产；废除科举制，开设新式学校，教授西方知识；改革政府机构，裁撤多余的官员；削减旧军，训练新式陆军、海军等。这一年是"戊戌年"，所以这场改革称为"戊戌变法"，梁启超等改革人士则被称为"维新派"。

然而，改革的某些内容触怒了朝廷实际上的最高统治者——慈禧太后。当改革进行到第103天时，慈禧太后突然囚禁了光绪皇帝，并抓捕了谭嗣同等六位维新派人士，当街斩首。这场"百日维新"就这样失败了。幸好梁启超没有被抓住，他逃到了日本，开始了长达15年的流亡生活。

从上书到办报，从教学到变法，梁启超用尽一切手段，目的只有一个：开启民智，改变中国！而这次他选择逃亡，也是为了留下有用之躯，继续改写中国历史。

振臂高呼"少年中国"

就在梁启超流亡到日本后，中国爆发了"庚子国难"，从义和团到八国联军，让这个本就风雨飘摇的古老帝国雪上加霜，就连掌握着全国最高权力的慈禧太后和光绪皇帝也仓皇逃离北京，老百姓陷入了空前的苦难。

这天，梁启超正航行在一望无垠的太平洋上。他想起祖国的境况，心中五味杂陈。旅居日本的经历，让梁启超见证了日本社会在经历变革后如何蓬勃发展。反观中国，早就在清政府的统治下变得死气沉沉，而日本也确实以"老大帝国"来称呼隔壁这位老邻居。

梁启超当然清楚，"老大帝国"这个称呼，确实是清帝国日暮西山的写照，但他不甘心就此承认这个称呼，何况这是出自同为亚洲国家的日本之口，更令梁启超心里不是滋味。他多盼望中国也能成为蒸蒸日上的东方强国！

于是，梁启超提起笔，将满腹郁结倾注在纸上："呜呼！我中国其果老大矣乎？"在问出这个问题后，梁启超给出答案：不，中国并不是老大帝国！"夫古昔之中国，虽有国之名，而未成国之形也，或为家族之国，或为酋长之国。"

是的，中国过去的几千年历史，都不能叫作"国"。国，应当是人民公有的。而中国几千年的改朝换代，只是帝王家业，并不是现代意义上的人民之国。按照这个理念，中国并非老了，只是多年来还没有长大，一个少年中国仍在成长！

梁启超想，今日中国之所以衰朽腐败，完全是那些思想顽固、迂腐愚昧的统治者的罪孽，真正能够让中国像少年般焕发生机的，正是中国的少年一代。于是，梁启超压抑不住满腔的激动，提笔写下震天动地的名句："故今日之责任，不在他人，而全在我少年。少年智则国智，少年富则国富，少年强则国强，少年独立则国独立，少年自由则国自由，少年进步则国进步，少年胜于欧洲则国胜于欧洲，少年雄于地球则国雄于地球。""美哉，我少年中国，与

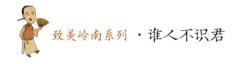

天不老！""壮哉，我中国少年，与国无疆！"

在国家前路茫茫之际，梁启超再次用他的一根健笔，唤醒了中华民族的精神之光，照亮这个"少年中国"在艰难困苦中砥砺前行。

一篇文章值20万

1912年，清帝退位，中华民国成立，袁世凯成为民国临时大总统。此时仍然流亡在日本、被清政府通缉的梁启超，也被袁世凯邀请回国，担任了中华民国的司法总长。

回国后，梁启超雄心勃勃投入政务工作，希望协助袁世凯把国家治理好，让中国走向快速发展的轨道。没想到过了几年，袁世凯野心越来越大，想要重新当皇帝。梁启超发现以后，好言相劝，让他不要有复辟帝制的念头。袁世凯假意答应，但背地里继续筹划着称帝。梁启超看清了袁世凯的嘴脸，于是离开了袁世凯政府。

与此同时，梁启超昔日的学生、云南都督蔡锷，也来找梁启超商量，密谋推翻袁世凯。蔡锷说："我们明知力量有限，未必抗得过他，但为了四亿中国人的人格，非拼着命去干这一回不可！"这番豪言使梁启超深受感动，二人决定分头行动——蔡锷想办法脱离袁世凯的监视，跑回云南调兵；梁启超则发挥文字天赋，对袁世凯发动笔战。两人还约定：成功呢，什么地位都不要，回头做学问；失败呢，就死，无论如何不逃到租界，不逃到外国。

道别蔡锷后，梁启超稍加思索，大笔一挥，写下了一万多字《异哉所谓国体问题者》，痛骂袁世凯"无风鼓浪，兴妖作怪"。文章还没发表，袁世凯已经听说了。他深知梁启超的文字有多大力量，于是马上派人找到梁启超，想用20万大洋贿赂梁启超，请他不要发表这篇文章，然而梁启超不为所动。此文一出，犹如一声响雷，让世人都认清了复辟帝制对中国的危害。

　　1915年12月，袁世凯还是执迷不悟地称帝了，蔡锷举兵反袁，而梁启超则不断写文章，高呼"永除帝制"，鼓动各地军阀起兵，一场轰轰烈烈的"护国战争"爆发了。最终，袁世凯只当了83天皇帝，就在全国人民的叫骂声中断了气。

　　然而，袁世凯死后才一年，清朝遗臣张勋又企图再次复辟帝制。在梁启超等人的推动下，张勋复辟帝制的闹剧仅仅一周后就宣告落幕，晨曦中的北京，再次升起中华民国的国旗。梁启超两度反对帝制，始终坚定地站在历史正确的一边。

知多点

　　广州老城的大街小巷里，藏着众多历史悠久的书院，在今天游人如织的北京路文化旅游区，便有一间"大隐于市"的万木草堂。最初，一位姓邱的清朝举人在此创办了邱氏书室。后

来，梁启超的老师康有为受到其弟子陈千秋、梁启超的邀请，将它租下来创办了长兴学社，宣传维新变法思想，培养了不少新式人才，之后又将其更名为"万木草堂"。

如今，万木草堂是省级文物保护单位、爱国主义教育基地，常常举办各类文化艺术活动，依然发挥着其文化讲堂的作用。